제자도,
그리스도인의 정치적 책임
Discipleship as Political Responsibility

 한국 아나뱁티스트 출판사(Korea Anabaptist Press)는 기독교 신앙을 아나뱁티스트 관점에서 소개하는 문서선교 사역을 하고 있습니다. 특히 그리스도인의 신앙과 삶의 기초를 제자도, 평화, 공동체, 그리고 재세례신앙이라는 관점을 통해서 발견하며, 하나님 나라를 이루어가는 성경적 비전을 회복하고자 노력하고 있습니다. 한국 아나뱁티스트 출판사에서 발행되는 도서는 각 분야별 시리즈로 구성되어 있으며, 이 책은 제자도 시리즈의 첫 번째 도서입니다.

제자도,

그리스도인의 정치적 책임
Discipleship as Political Responsibility

존 하워드 요더 지음 / 김기현 옮김

역자 서문

    '마침내' 존 하워드 요더(John Howard Yoder)의 책이 번역되었다. 그저 전설처럼, 신화처럼, 유령처럼 한국 교회와 신학계에 떠돌던 이름이 바로 요더다. 이제 드디어 요더의 책이 출간되었다. '마침내'라는 말 이외에 더 알맞은 단어를 찾을 수 없을 만큼 한편에서는 오랫동안 그를 기다려왔고, 다른 한편에서는 금기시해 왔다. 그렇게 갈망과 금기를 한 몸에 받았던 요더가 척박한 한국 교회와 신학에 단비가 되어 광야에 길을 내고, 사막에 강물이 도도히 흐르게 할 것이라고 나는 확신한다. 왜 그러한가? 요더가 지니는 신학적 함의와 윤리적 영향이 무엇이기에 그런 기대를 갖게 한단 말인가?

요더는 분단과 전쟁, 그리고 폭력이 일상화된 우리 사회에서 비폭력 평화주의자로, 주류 정통 개신교의 위기의 심화와 확대 속에서 그 모순과의 대결이자 하나의 대안으로서의 아나뱁티스트로, 아나뱁티스트와 메노나이트를 하나의 분파 운동과 신학으로 축소하는 암묵적 합의를 거부하고 근본주의에서 가톨릭까지도 아우르는 폭넓은 대화를 통해 아나뱁티스트의 광활한 신학적 광장과 지평을 보여주는 메노나이트의 대변자로, 근대(modern)라는 바벨론의 포로가 되었던 신학을 해방하고 포스트모던한 상황에서도 기독교가 정체성과 적실성을 잃지 않는 길을 열었던 걸출한 사상가로 기억되고 있다.

보수적인 미국 잡지인 ≪크리스처니티 투데이 *Christianity Today*≫가 선정한, 20세기의 기독교에 가장 큰 영향력을 끼친 100권에 메노나이트라는 한계와 약점에도 불구하고 당당히 5위를 차지하는 뚝심과 저력을 발휘했던 명성을 가지고 있는 요더는 뛰어난 신학자로, 보수주의와 기독교 현실주의, 해방신학의 틈바구니 속에서 독특성과 변별력을 지니는 독특한 윤리와 사상으로 많은 이들을 분노케 하고 흥분케 했던 위대한 윤리학자로, 기독교 사상사와 윤리학에 그 이름을 등재하고 있다.

그의 신학과 윤리의 함의를 조금 더 설명하기 위해서는 그와 대조되는 몇몇 신학사상을 함께 놓고 읽는 것이 필요하다. 거칠게 말해서 요더는 보수주의자들을 향해서는 예수가 급진적이고도 철저히 정치적이었음을, 라인홀드 니버 부류의 기독교 현실주의에 대항해서 미국이 아니라 성서의 현실에 기반한 담론을, 해방신학과 달리 최후 수단이자 정당방위로서의 폭력을 넘어서 평화에 이르는 길은 평화 외에 그 어떤 것도 없다는 것을, 오직 예수의 십자가의 길만이 신학의 척도이며 윤리적 정도(正道)임을 정교하고 치밀하게 설명했던 사상가다.

이러한 요더는 신학을 공부하는 후학들에게 귀감이 아닐 수 없다. 그러니까 그는 철학과 사상적 식견, 성서신학적 통찰과 역사신학적 안목, 조직신학적 깊이와 사회윤리적 실천을 골고루 갖춘 학자이자 실천가다. 부연 설명하자면 그가 『예수의 정치학』(IVP, 2007)에서 보여준 누가복음 이해는 그의 식견이 전문적인 성서신학자 못지않음을, 16세기 종교개혁으로 칼 바르트(Karl Barth) 밑에서 박사학위를 한 그의 학문적 이력은 그가 역사신학과 조직신학의 대가임을 보여준다. 또한 근대의 인식 방법론을 넘어서는 길을 모색했다는 인문학적 넓이도 고루 갖추고 있다는 점에서, 전쟁과 폭력, 사형 등에 관한 한 일급 학자라는 점에서 본받아 마땅한 학자이다.

그런 저간의 사정으로 '마침내'라는 단어를 사용하여 이 책의 출간을 경사로 여겨 경하하는 덕담을 조금은 과하게 늘어놓았던 것이다. 그렇다면 본서가 갖는 의의는 무엇인가? 하나는 이 책이 국내에 소개되는 첫 번째 요더 책이라는 것이다. 그동안 2, 3차 자료를 경유해서 귀동냥하던 요더의 목소리를 생중계하게 된 나로서도 기쁜 일이지만, 그에 대한 무성한 소문으로 직접 읽어보기를 소원했던 이들에게 이 책이 다른 어떤 것으로도 채울 수 없는 신학적 목마름을 해결해 주리라 믿는다.

그동안 한국 신학과 윤리학계에서는 기이하게도 요더를 위시한 스탠리 하우어워스(Stanley Hauerwas)와 제임스 매클랜던(James Wm. McClendon, Jr.)과 같은 학자들에 대해서 그 명성이나 실력에 비해 알려진 바가 사실 보잘것없었다. 이제 그 창피스러움을 어느 정도나마 덜 수 있게 되어 다행이다. 앞으로 더 많은 요더의 책이 소개될 수 있기를 간절히 바란다.

다른 하나는 이 책이 요더 자신이 쓴 요더 입문서로 손색이 없

다는 것이다. 『예수의 정치학』은 요더 사상의 결정판이자 완결판
이다. 하지만 그의 영어 문장은 영미권에서 나고 자란 이들도 읽기
에 여간 까다로운 것이 아니다. 글이 난해하다는 것은 사상 역시
깊다는 방증인 동시에 접근하기가 쉽지 않다는 말도 된다. 아무래
도 우회해서 다가서지 않고서는 낭패를 보기 십상이다. 이 책은 분
량도 알맞거니와, 영역자가 본래의 의미를 훼손하지 않으면서도
읽거나 이해하는 데 무리가 없고 정확하게 요더의 까다로운 글쓰
기를 번역했다. 본서 서문에 기고한 하우어워스의 지적처럼 이 책
은 『*Christian Witness to the State*』(Herald Press)의 요약인 동
시에 『예수의 정치학』 등에서 전개한 사상의 맹아를 담고 있다.
하여 이 책을 먼저 독파한 다음에 다른 책을 읽는다면 많은 수고를
덜 수 있을 것이라 사료된다.

번역을 시작한 지 벌써 2년 이상의 시간이 훌쩍 지났다. 아무래
도 나 자신의 서툰 영어와 요더의 책을 기다리는 독자들의 초롱초
롱한 눈동자와 매서운 질정의 목소리에 몇 번이나 가다듬었지만
아직도 손질할 곳이 종종 눈에 띈다. KAP의 김경중 총무의 성실
함과 꼼꼼함, 김수연 편집장의 능력과 실력이 아니었다면 어떠했
을까 생각해 보면 아찔할 따름이다. 김 총무와 김 편집장이 고맙기

그지없다. 다시 한 번 이 자리를 빌려 심심한 감사를 전한다. 그리고 나를 제일 사랑하는 아내 이선숙과 아직도 내가 최고인 줄 아는 아들 김희림, 딸 김서은에게 사랑한다고, 너희들 역시 나에게 최고라고 말해 주고 싶다. 번역한답시고 제대로 못 놀아준 것이 못내 아쉬워서 하는 말이다. 그리고 나에게 용서와 평화를 알게 해준 수정로침례교회 식구들에게 사랑을 전한다. 나로서는 우리나라에서 존 요더의 첫 번째 번역자라는 영예를 누리게 되었지만, 최초의 반역자라는 오명도 기꺼이 감수하고자 한다. 평화!

부산 수정동에서

김기현

차례

"하나님은 아십니다!" 이 말은 우리가 납득할 수 없는 문제에 직면해 당혹스러울 때 흔히 쓰는 표현이다. 존 하워드 요더(John Howard Yoder)의 생애와 사역을 "하나님은 아십니다!"라고밖에 달리 설명할 수 없다니, 이 얼마나 놀라운가! 요더를 설명할 수 있는 유일한 방법은, 그가 믿었던 것처럼 하나님은 당신의 피조물을 결코 포기하시지 않는다는 것을 믿는 것이라고 나는 확신한다. 물론 우리는 요더를 설명할 때, 그가 메노나이트 배경에서 자랐으며, 유럽에서 교육을 받았고, 칼 바르트(Karl Barth)의 영향을 받았으며, 비범한 지적 능력을 소유한 사람이라고 말할 수 있다. 그러나 그런 식으로만 요더를 설명하려는 시도는 우리를 미궁에 빠뜨리고 만다. 우리는 요더를 그렇게 설명할 수만은 없다. 요더가 의도한 말의 의미를 알고자 한다면, 우리는 그 의미를 설명한 이유에 대해서도 기꺼이 물을 수 있어야 한다. 우리는 어떻게 기적을 설명할 수 있는가?

'기적'은 바르트가 디트리히 본회퍼(Dietrich Bonhoeffer)의 학위 논문인 『성도의 교제: 교회의 사회학에 관한 신학적 연구 *Sanctorum Communio*』를 묘사했던 단어다. 바르트가 본회퍼의 저서를 '기적'이라는 말로 평가한 이면에는 그의 놀라운 유머감각이 다분히 숨어 있다. 바르트의 관점에서 보자면, 본회퍼의 저서가 개신교 자유주의의 심장부인, 그것도 기적 같은 것을 전혀 이성적인 이야기로 생각지 않는 베를린 대학에서 쓰였다는 것은 기적이라는 말 외에는 달리 설명할 방법이 없다. 바르트는 본회퍼의 학위 논문을 하나의 기적이라고 평가함으로써, 만일 그의 생애와 저작을 가능케 하신 하나님이 존재하지 않는다면 본회퍼와 같은 삶과 저작 역시 설명하는 것이 불가능하다는 사실을 신학적으로 아주 진지하게 주장했다. 이것이 내가 요더의 생애와 저작을 하나의 기적이라고 말하고자 하는 이유다.

바로 이러한 이유 때문에 우리는 이 책『제자도, 그리스도인의 정치적 책임 *Discipleship as Political Responsibility*』을 출간한 헤럴드 출판사(Herald Press)에 감사하지 않을 수 없다. 요더는 원래 이 책을 독일어로 강의했는데, 이는 메노나이트나 메노나이트가 아닌 다른 사람들 모두에게 똑같이 의욕을 북돋워주는 매우 귀중한 자료가 되었다.

어떤 사람들은 요더가 그의 책『*Christian Witness to the State*』에서 더욱 충분히 발전시킨 자신의 입장을 이 책을 통해서 우선적으로 표명했을 뿐인데, 우리가 왜 굳이 이런 강연을 들어야 하는지에 대해서 의아하게 생각할 것이다. 하지만 나는 이 책이 요더의 학문적 업적을 설명하는 데 엄청난 도움을 주고 있다고 확신한다. 그러나 그보다 더 중요한 것은, 그동안 요더가 의도했던 바를 잘 이해하지 못하게 만들었던 우리의 지적인 고정관념들을 바꾸는 데 도움을 주는, 그의 다른 모든 책들까지도 읽을 필요가 있다는 점이다.

요더를 이해하려는 사람이라면 누구나 그의 책을 읽고 또 읽어야 한다. 나는 종종 우리들 중에서도 아주 지적인 문장을 사용하는 사람들이 있음을 보곤 한다. 매킨타이어(MacIntyre)와 푸코(Foucault)가

그랬듯이, 요더도 아주 의미심장한 말들을 많이 했다. 게다가 이 책『제자도, 그리스도인의 정치적 책임』에서 잘 드러나듯이, 요더는 그런 의미심장한 말들을 영어뿐 아니라 독일어로도 표현할 수 있는 사람이다. 그의 지적인 능력도 매우 탁월하지만 그보다 더 중요한 것은 그가 말하고자 하는 내용이다. 우리가 요더처럼 생각하길 원한다면, 그가 글을 통해 표현했듯이 우리 자신도 그렇게 말하는 습관을 다시 길러야 한다. 이것이 바로『제자도, 그리스도인의 정치적 책임』같은 강연의 내용을 책으로 출판하게 된 중요한 이유다.

예컨대 요더는 강연에서 "국가에게 주신 명령은 궁극적으로 교회에게 주신 명령 안에서 찾을 수 있다."라는 놀랄 만한 주장을 했다. 요더는 이런 심오한 관점을 바르트에게 배웠을 수도 있을 것이다. 하지만 나는 바르트가 아나뱁티스트 조상들의 삶에 대해서 이미 알고 있었던 요더의 신념을 재확인시켜 준 것일 뿐이라고 의심해 본다.

아나뱁티스트들이 국가나 정부 당국자들보다도 국가의 역할에 대해서 더 잘 안다고 생각하는 것은 아나뱁티스트가 '분파주의자'(sectarian)로서의 입장을 분명히 밝힌 것 말고 무엇이겠는가? 그러나 아이러니하게도 그것은 로마 가톨릭 교회의 입장을 대변한 것이기도 했다. 즉, 로마에서의 가톨릭 교회처럼 아나뱁티스트들은 국가의 기능이 교회의 선교를 가능하기 위해서 존재하는 것이라고 생각했다. 하지만 로마의 가톨릭 교회와는 달리 아나뱁티스트들은 정부 당국이 하는 일에 참여하는 것을 자신들이 할 일로 보지 않았다.

그런데도 요더가 이 책에서 주시하는 바와 같이 우리 시대의 '국가'는 '칼의 기능'보다 훨씬 더 넓은 의미를 지닌다. 따라서 비폭력에 헌신한 그리스도인도 국가를 위해 일하라는 부름이 가능하다. 하지만 그들이 수행하는 '복지 기능'이 정부 당국에 의해 '전체주의적 국가의 식민정책을 지지'하기 위해 이용당하는 것을 부단히 경계하지 않으면 안 된다. 이 점에서 특히 중요한 것은 그리스도인들은 '민주주의'라는 말에 매료되어서는 안 된다는 것이다. 요더가 상기시켜 주듯이 민주주의와 국가 제도의 다른 형태는 서로 상대적인 차이가 있을 뿐이다.

교회에게 주신 명령이 정부에게 주신 명령보다도 우선한다는 요더의 주장을 오늘날의 현실에 적용하는 것이 쉽지 않기 때문에 그의 설명을 주의 깊이 살펴보기를 바란다. 요더가 우리에게 가르치려는 것을 받아들이는 데는 시간이 걸린다. 그렇기 때문에 우리는 그의 글을 인내심을 갖고 읽고 또 읽어야 한다. 요더는 지금껏 우리가 말하고 글로 써왔던 방식과는 다르게 말하고 다르게 쓰는 훈련을 통해서 기존과는 다른 관점에서 생각하기를 바라고 있다. 따라서 우리는 구할 수 있는 한 요더의 다른 모든 책들을 읽을 필요가 있다. 이것이 바로 우리가 지금『제자도, 그리스도인의 정치적 책임』에 대해서 알아야 할 중요한 이유다.

스탠리 하우어워스

길버트 T. 로우

듀크 대학교 신학윤리학(Theological Ethics) 석좌 교수

2000년 독일어판 서문

지난 수십 년 동안 평화사역(peacemaking)의 윤리에 대해 논의할 때 그것을 역사적인 평화교회 사람들에게서 배우려고 했던 것은 아주 잘한 일이었다. 역사적인 평화교회 사람들이 누구인지에 대해 오늘날 웬만한 사람이라면 쉽게 발견할 수 있다. 비폭력적인 아나뱁티스트 운동 진영에서 발전한 메노나이트 교회(16세기), 퀘이커 운동(17세기), 형제교회(Church of the Brethren, 18세기) 사람들이 바로 그들이다. 이렇게 전통적인 평화교회 사람들이 누구인지 안다면 이제는 그들의 신학적인 자료에도 친숙해질 필요가 있다. 그러나 그것은 말처럼 쉬운 일이 아니다! 아나뱁티스트-메노나이트 교회 가족의 신학적 사고와 경건함이 더욱 광범위하게 소개된 것은 아가페 출판사(Agape Verlag) 덕분이다.

이 책은 지난 수십 년 동안 제대로 읽혀지지 않았지만 아나뱁티스트-메노나이트 평화신학을 소개하는 매우 중요한 문서 중 하나다. 존 하워드 요더는 청년시절이었던 제2차 세계대전 이후 자원봉사 활동을 하기 위해 유럽으로 건너갔다. 그는 알자스(Alsace)의 어린이집에서 보조교사로 일했다. 그는 칼 바르트 밑에서 박사학위를 마쳤다. 그는 좀처럼 보기 드문 명석하고 예리한 사고력을 가지고 있어서 곧 수많은 신학교에서 가장 많이 찾는 연사가 되었다. 또한 요더는 자신이 속한 아나뱁티스트 교회의 갱신을 위해 일했다. 이런 과정 속에서 요더는 지난 400여 년 전에 아나뱁티스트를 박해했던 기존 교회들과의 신학적 논쟁을 재개하는 성과를 가져왔다.

그 후 요더는 북미에서 평화교회를 선도하는 메노나이트 연합 신학대학원(Associated Mennonite Biblical Seminary)의 교수로 재직하면서 종종 유럽으로 건너가서 '국가교회(state church)와 평화교회(peace church) 간의' 대화를 진전시키기도 했다. 그는 수많은 에큐메니컬 모임에서 평화교회를 대변하는 강연자이자 대화

상대자였다. 이러한 평화교회에 대한 논의가 한갓 추상적인 개념으로 격하되지 않도록 하고, 평화교회가 교회의 진정한 본질인 종교단체로서의 기능뿐 아니라 국제적인 봉사 활동의 역할도 담당하게 한 것은 그의 부단한 노력의 결과이기도 하다. 평화교회의 본질은 개인적으로 남에게 책임을 전가하는 잔인한 행동이나 국가의 집단 안보 정책에 동조하는 사악한 충동에 대한 진정한 대안을 제시하기 때문에 더욱 그 의미가 있다.

이 책은 각 교파를 초월한 토론과 논쟁의 장을 마련했을 뿐 아니라 메노나이트 교회들 간의 내부 대화에도 공헌했고, 따라서 요더 자신이 속한 교회에도 큰 자극이 되었다. 이것이 바로 요더가 종종 "우리 메노나이트들은……."이라고 말하는 이유다. 이는 또한 메노나이트의 상황에서는 너무도 당연하게 여기는 것들, 예컨대 성경의 권위(해석학적 열쇠로서의 산상수훈 같은)와 교회 구성원의 책임감 있는 멤버십(성인세례를 받은 사람들에 대한 회원권) 같은 것이 논의되지 않고 전제되고 있는 이유이기도 하다.

이 책의 초판이 발간된 지 상당한 시간이 지났기 때문에 생긴 문제가 또 있다. 이 책에서 언급되거나 인용된 신학자들의 저술은 의심할 여지 없이 몇몇 독자들에게만 친숙할 것이라는 사실도 잘 알고 있다. 초판 발간 이후로 내내 신약시대에 대한 학문적 연구의 진전이 있었다. 그러나 우리가 지금은 당연하게 생각하는 '사회'나 '대중'과 같은 주요한 사회학적 용어들이 그전에는 등장하지 않았다.[1]

그리고 오늘날 우리가 중요하게 여기는 공식적인 국가 활동과 비정부 활동의 구분도 결여되어 있다. 다양한 형식의 적극적 비폭력과 정치적 조정(mediation) 같은, 폭력을 사용하지 않는 정치 단체들도 아직은 나타나기 이전의 일이다. 오늘날 독일의 경우 군 복무에 부름 받은 사람들의 3분의 1이 군 복무에 적극적으로 참여하기를 거부하고 있다. 이것은 그 당시로는 상상조차 할 수 없는 일이었다.

정의, 평화, 창조세계를 보전하기 위한 초교파적 심의과정은 (집회, 순례, 상담, 출판 등 여러 주도적인 모임이나 봉사 단체들에 영향을 준 것은 확실하지만) 여전히 형성되지 않았을 때다.

그중에서 가장 큰 영향은 아마도 컴퓨터와 지구화 시대를 살아가며, 어두운 생태학적 미래를 예견하는 우리가 요더가 생각했던 것보다도 '콘스탄티누스 시대의 그리스도인'으로 살아가는 것이 더 어려운 시대에 살고 있다는 사실이다. 오늘날 우리는 단지 특정 지역의 다수의 기독교인들에 대해서만 말할 수 있으며, 그것도 다만 이론적으로만 이야기한다.

그런데도 불구하고 교회 안에서 너무도 자주 발견할 수 있는 사회윤리적 관점에서, 우리가 여전히 콘스탄티누스 시대의 영향을 받고 있다고 분석한 요더의 관점은 적절하다.

어쨌든 이 책은 우리에게 큰 도움을 줄 것이다. 사람들에게는 동서양의 갈등이 종식되고, 전쟁의 위협이 사라지기를 기대했던 강한 신념이 있었다. 좀 더 현실적인 분석가들은 국제적인 핵전쟁 수준은 아니라도 (국제적인 무기거래 현상을 보면서) 점차 늘어나는 군사적 대치상황을 예측하기도 했다. 걸프전과 옛 유고슬라비아 전쟁, 그리고 동·서부 아프리카를 비롯한 그 외 다른 많은 지역에서 일어난 전쟁은 이러한 예견이 끔찍할 정도로 맞아떨어졌음을 보여주었다. 이런 상황에 대해 교회와 다른 기독교 단체들의 참여는 너무도 저조했지만 적극적인 평화사역과 구두 증언을 통해 신뢰감을 주어, 자신들의 화해의 메시지를 (갈등을 겪고 있는 사람들에게) 잘 전달하려고 노력해 왔다.

하지만 좀 더 잘 알려진 국가의 무력 사용에 대한 입장은 그것이 단지 혼돈을 통제하기에만 충분하고 강력한 수단임에 불과하다는 것이다. 이것이 성경의 가르침에 일치하는지 또는 상반되는지의 여부를 평가하고자 한다면, 누구든지 요더의 관점에 대해서 미리 알기를 바랐을 것이다. 비록 이 책이 쓰인 지 40년이 지났지만, 사람들은 올바른 판단을 할 수 있기까지 요더의 관점으로부터 많은 것을 배울 수 있을 것이다.

이 책의 내용은 예수 그리스도의 평화교회의 대안이 특정한 상황에서 정확히 어떤 모습이고 실제 상황에서 사역을 어떻게 전개하는가를 보여주지는 않는다. 그보다 훨씬 더 근본적인 내용을 다룬 책이다. 독자들이 계속해서 (평화교회의) 실천적인 문제에 관심을 갖고 더 깊은 연구를 하길 원한다면 안드레아 랑게(Andrea Lange)의 『평화교회의 형태 *Die Gestalt der Friedenskirche*』(Weisenheim, 1988)라는 책을 읽어보기 바란다. 교회의 '평화사역'에 대한 실재(實在)를 다룬 좋은 문헌들이 갈수록 늘어나고 있다. 평화교회의 대안과 구체적인 삶의 표현은 평화교회 운동의 또 다른 지류이고 유용한 통찰을 제공하는 퀘이커를 통해서도 발견할 수 있다.

예수 그리스도의 평화교회로 인도하는 길을 탐험하는 여정을 시작하라는 요더의 도전적인 초대를 받아들이는 사람이 오늘날 많아지기를 바란다. 부디 이 책이 평화를 증언하는 교회의 대화에 새로운 생명을 불어넣어 주기를 기도한다.

윌프라이트 워넥(Wilfreid Warneck)

* **윌프라이트 워넥**은 유럽의 평화교회 센터인 '교회와 평화'에서 총무로 섬겼다. 그는 1929년 쾨니히스베르크(현재의 러시아 칼리닌그라드)에서 태어났다. 개신교 신학을 공부했고, 하이델베르크에서 목회 사역을 했다. 1975년부터 그는 다양한 평화운동 참여와 사역 계발을 위해 자신이 헌신하고 있는 에큐메니컬 공동체인 로렌티우스-코벤트(Laurentius-Konvent)를 세우는 일을 돕고 있다.

초판의 감사의 말(acknowledgment)

이 책에 실린 두 편의 논문은 원래 1957년에 쓰여졌다. 첫 번째 논문인 「신약성경에서의 국가」는 1957년 3월 17일, (독일 카를스루에 근처의) 토마쇼프 성경 센터에서 개최되었던 '메노나이트 국제 평화위원회'에서 발표된 것이다. 두 번째 논문인 「예수 그리스도의 제자들의 정치적 책임」은 1957년 7월 29일 독일 이저론(Iserlohn)에서 개최된 독일 국가 교회의 대표자들과 소위 '역사적 평화교회들'의 대표자들 간의 신학학회(2차 회의는 퓌두(Puidoux)에서 있었음)에서 나눈 개회 연설내용이었다.

발행인

I
신약성경에서의 국가

여기서 우리가 다루고자 하는 주제의 특이점은 신약성경을 해석하는 것으로 해결될 사안이 아니라는 것이다. 사실 신약성경 해석이 문제를 만들어낸다! 더 중요한 문제는 "신약성경이 국가에 대해 무엇이라고 말하고 있는가?"가 아니라 오히려 "신약성경이 가르치는 것들에 대해서 우리가 무엇을 할 것인가?"이다. 요컨대, 오늘 우리가 알고 있는 국가는 신약성경에서 말하는 국가와 같지 않다. 신약에서 그리스도인들은 로마 제국의 지배하에서 얼마 안 되는 핍박받는 소수에 불과했다. 예수님은 외국의 식민지 지배를 받는 유대인에 불과했다. 이런 점에서 오늘날 우리의 상황과는 전적으로 다르다.

만약 우리가 성경에서 배우고자 한다면, 우리는 두 가지 물음에 직면하게 된다. 첫째, 성경은 무엇이라고 말하는가? 둘째, 우리는 성경이 말하는 바를 어떻게 적용할 수 있는가? 이 질문들은 서로 이질적인 질문이므로, 이 두 가지를 철저히 분리하는 것이 최상이다. 만약 우리가 이 둘을 섞어버리면 우리는 둘 중 어느 것에도 적절한 대답을 제시하지 못할 것이다.

첫째 질문은 객관적 사실에 관한 것이다. 다시 말해, 성경은 무엇을 가르치는가에 대해 묻는다. 둘째 질문은 우리가 오늘날 성경의 가르침을 어디까지 적용해야 하는지를 묻는다. 그래서 우리는 이 문제를 다음과 같이 네 개의 주제로 나누었을 때 신약성경의 관점에서는 '국가'를 어떻게 이해할 것인가를 살펴볼 것이다. 다만 우리는 여기서 신약성경의 관점을 현 세상에서 어떻게 적용할 것인지에 관해서는 질문하지 않을 것이다. 우리는 그 문제를 신중히 검토한 다음에 성경의 가르침이 오늘날 그대로 적용될 수 있는지, 그리고 어떻게 적용할 수 있을지를 물어야 한다. 다시 말해서 초대교회[†]로부터 현재에 이르는 교량을 어떻게 그리고 어디서 건설할 수 있는지를 물어야 한다.

국가에게 주신 명령

하나님께서 국가에게 주신 명령은 국가로 하여금 악의 수단(폭력)을 사용해서라도 악이 걷잡을 수 없는 통제 불능의 상태로 빠지는 것을 막으라는 것이다.

인간의 폭력성과 이기심을 제어하지 않고 그대로 방치한다면 인간 사회는 자멸할 수밖에 없을 것이라는 가정은 조금도 틀리지 않은 말이다. 이렇게 인간은 자기 실존과도 대립된 모순에 빠져 있기 때문에 스스로를 파멸시킬 수도 있는 존재다. 그런데도 불구하고 타락한 인간에게 닥칠 것으로 예견되는 일들이 일어나지 않는 것은 하나님께서 국가로 하여금 현 체제를 떠받들고 있도록 명령하셨기 때문이다. 다시 말해 이 '상대적 질서'의 특이한 점은 악이 바로 악 자신에게 적용된다는 점이다. 사람들은 (이기심이라는 동기와 폭력을 사용해서라도) 다른 사람들의 폭력과 이기심으로부터 자신을 보호한다. 그렇다고 해서 하나님께서 폭력이나 이기심을 선하다고 생각하셨다거나 그것들을 의도하셨다는 것은 아니다. 하나님은 인간이 폭력과 이기심에 물드는 것을 원치 않으신다. 그러나 인간은 타락하여 하나님으로부터 멀리 떠나버렸다. 그래서 하나님께서는 인간의 악이 또 다른 악에 의해서 제어받아야 함을 허용하신 것이다.

심지어 하나님께서는 인간 최초의 살인자였던 가인의 생명까지도 보호의 표식을 주심으로써 지켜주셨다. 악에는 악, 생명에는 생명으로 갚는 보복의 법칙도 가인의 생존을 위해 제정되었다.(창 4:15) 이 법은 노아의 언약에서 모든 인간의 보호로 확대되었다. (창 9:5) 태곳적부터 인간을 다스려 온 '칼의 질서'는 하나님의 정의를 실현하고 구원하는 형태는 아니었다. 그런데도 불구하고 그것은 구속을 목적으로 하는 하나님의 은혜의 한 표현이다. 즉, 타락한 피조물을 구속하시려는 의도에 따라 하나님은 타락한 당신의 피조물(그러나 그 본성이 파괴적인 세계)을 보호하신다. 이 주제를 다룬 전통적인 신약성경의 본문(롬 13장, 벧전 2장)은 우리가 성경의 첫 페이지에서 발견한 것을 정확하게 말하고 있다. (여기서 우리는 칼의 질서에 관해서 이야기하고 있다는 것을 기억할 필요가 있다. 신약성경은 국가를 설명할 때 오늘날 우리가 생각하는 것처럼 학교 제도 마련, 도로 건설, 사회적 프로그램의 운영, 우편제도의 정비 등의 차원에서 이야기하지는 않는다.)

하나님께서 국가를 당신의 도구로 사용함에 있어 신약성경의 관점이 과연 어떤 상황에서 어떻게 표현되었느냐를 아는 것이 중요하다. 신약성경은 국가를 하나님이 계획하신 체제의 원리가 적용되는 창조 세계의 일부분이라고 여기지 않는다. 신약성경에 따르면, 칼을 집행하는 사람들은 완전히 다른 곳에 속해 있다. 신약성경에서 가장 자주 언급되는 구약의 본문은 이사야 53장이 아니다. 그렇다고 십계명도 아니다. 사랑에 관한 명령의 말씀도 아니다. 그것은 바로 시편 110편이다. "주께서 내 주께 말씀하시기를 '내가 네 원수를 네 발판이 되게 하기까지, 너는 내 오른쪽에 앉아 있어라.' 하셨습니다."(시 110:1, 표준새번역) 오늘날의 기독교인들에게는 더 이상 특별한 의미가 없는 이 구절이 초대교회 그리스도인들에게는 너무도 중요한 말씀이었다. 그러므로 우리가 국가에 대한 초대교회의 관점에 대해서 이해하기 원한다면 우리는 시편 110편 1절에서 시작하지 않으면 안 된다.

이 시편은 메시아의 '원수들'에 관해 말한다. 신약성경은 이러한 원수들을 '권력(powers), 통치자(rulers), 정사(principalities), 보좌(thrones)' 같은 존재라고 이야기한다. 오늘의 세계에서 이 용어들이 의미하는 바를 이해하는 것은 그리 쉽지 않다. 그러나 만약 우리가 신약성경의 그리스도인들의 관점대로 생각하고 이러한 (원수에 관한) 용어들이 구체적인 권력을 지칭하고 있음을 이해한다면, 우리는 확실히 신약성경을 잘 이해할 수 있게 될 것이다. 그러한 권세들이 그리스도를 대적하지만, 예수님은 죽음과 부활, 그리고 승천하심으로 말미암아 주님이 되셨다.[*역주 1] 예수님의 주되심(Lordship)은 이 권력들을 이기셨고, 그 결과 원수들은 무릎을 꿇게 되었다.(빌 2:10) 그리스도는 마치 개선행진을 하는 승리자처럼 그들(원수)을 포로로 삼아 사람들의 구경거리로 삼으셨다.(골 2:15)

초대 그리스도인들은 이러한 권력들(그리스도에게 대적하고, 마침내 그리스도에게 굴복하는 타락한 권력들) 가운데에 국가를 포함시

---

* 역주 1) 여기서 'powers'는 문맥에 따라 영적인 존재를 가리킬 때에는 권세로, 사회 정치적인 의미로 사용될 때에는 권력으로 번역했다.

컸다. 초대교회가 국가를 존중하고 국가의 역할을 인정했던 것은
국가를 하나님의 선한 피조물의 일부라고 보았기 때문이 아니다.
그보다는 오히려 국가를 하나님께 저항하는 세상의 일부로서, 원
칙적으로 그리스도에 의해서 패배했고, 그리스도께서 마지막 원수
를 패배시킬 때까지 그분의 통치 대상일 뿐이라고 보았던 것이다.
(고전 15:25 이하)

　이런 관점을 가져야 우리는 초대교회의 마음가짐, 즉 로마라는
국가에 아랑곳하지 않으면서도 국가를 존중하고 그 역할을 인정했
던 것, 그러나 박해를 무릅쓰고 공공연히 저항한 것에 대해서도 이
해할 수 있게 된다. 그들은 국가를 하나님이 패배시킨 원수들 중 하
나로 간주했다. 그리스도인들은 국가의 마성적인 자기 숭배(계
14:14 이하) 속에서 그 영광의 날이 다하고 있다는 증거를 보았다.
정확히 바로 그런 이유로 그들은 국가를 일시적이나마 폭력의 수단
으로 폭력을 제압하는 영역으로 인정할 수 있었던 것이다.(롬 13장)

　그런데 만일 우리가 신약성경의 국가란 이교도 제도의 국가[2]를
의미한다는 사실을 잊어버린다면 '국가는 하나님의 거룩한 체제'라
고 크게 오해할 수 있다. 사람들이 국가의 주장을 권위 있게 받아
들였을 때 유럽에서의 기독교사회 국가들이란 다윗이나 요시야,

색슨 공, 제네바 공의회를 일컫는 것이 아니다. 그와는 반대로 여기서 사도 바울이 "모든 권세는 하나님으로부터 나오지 않은 것이 없나니……."라고 말한 것에 대해 이교도인 가이사를 가리키고 있음을 우리는 알아야 한다. 도대체 하나님께서 어떻게 그렇게 이교도를 사용하실 수 있다는 말인가? 그것도 마성적이고 부정(否定)한 원수들을 어떻게 사용하실 수 있다는 말인가? 그것은 정말 인간으로서는 도저히 이해할 수 없는 부분이다. 그러나 그것이 바로 초대교회가 믿었던 것이며, 그것이 바로 성경이 가르치고 있는 내용이다.

교회에게 주신 명령

하나님께서 교회에게 주신 명령은, 교회로 하여금 십자가의 삶으로 악을 이기라는 것이다.

하나님을 찬양하는 것은 그리스도인의 교회가 해야 할 가장 중요한 일이다. 우리가 모여 예배할 때, 세상에 복음을 전할 때, 사랑을 실천할 때, 우리는 우리를 빛 가운데로 부르시고 하나님의 백성으로 삼으신 분의 덕(德)을 선포한다. 바로 이 점에서 우리는 교회에게 주신 명령이 국가와의 관계에서, 또한 악과의 관계에서 어떤 의미인지 특별히 더 잘 생각해야 한다.

악에 대한 그리스도인의 마음가짐은 예수님을 따르는 삶과 전혀 무관하지 않다. 어찌 보면 이 개념은 너무 익숙하고, 너무 진부하고, 너무나 시시해서 우리는 따른다는 말의 진정한 의미를 제대로 이해하지 못하고 있다. 그러나 이 말의 의미는 완전히 혁명적인 것이다.

초대교회는 하나님께서 살아 계신 예수님 그리스도를 통해 교회에 역사하신다는 것을 믿었다. 바울 사도는 자신이 사는 것은 더 이상 자신이 아니라 오히려 그리스도께서 자기 안에 살아 계신다고 말한다. 그는 "내게 능력 주시는 자 안에서 내가 모든 것을 할 수 있느니라."라고까지 단언한다.(빌 4:13) 더 나아가 "나는 이제 너희를 위해 받는 괴로움을 기뻐하고 그리스도의 남은 고난을 그의 몸 된 교회를 위해 내 육체에 채우노라."(골 1:24)고까지 말했다. 우리에게 이러한 주장, 특히 두 번째 말씀은 이상하게 느껴진다. 자신의 신앙 여정에 관해 (마치 그리스도께서 고난을 받으신 것이 충분치 않았던 것처럼) 감히 그런 무엄한 주장을 하다니, 그것은 우리의 경건한 감수성에 거슬린다. 그것은 겸손과 철저한 자기 복종을 항상 실천하면서 살려는 신앙인의 자세에는 전혀 어울리지 않는 말처럼 들린다. 만일 어떤 사람이 오늘날 이런 식으로 자신에 대해 말한다면, 그리고 마치 자신의 삶이 그리스도와 아주 특별한 방식으로 연합되어 있는 것처럼 말한다면, 우리는 그를 아주 시건 방지다고 간주할 것이다.

그러나 이것이 바로 초대교회 그리스도인들의 믿음의 고백이었다. 초대교회 그리스도인들은 성령을 문자 그대로 믿을 만큼 대담했다. 바울이 그리스도의 사역에 그렇게도 자신만만하게 말하고 있는 것에 대해 우리가 초대교회의 믿음의 고백이 대담하다 못해 너무 건방진 것 아닌가라고 생각한다면, 오늘날 우리 자신의 그런 지나친 겸손 때문에 우리가 성령의 역사를 문자 그대로 믿지 않고 있는 것은 아닌지를 되물어야 할 것이다.

만약 교회가 그런 사실을 스스로 믿고 현실로 입증하는 삶을 산다면, 교회는 예수님을 따르는 십자가의 삶(막 10:39, 눅 14:26 이하, 요 15:20)을 단지 어떤 도덕적 성취나 선택 또는 추천 사항만으로는 보지 않을 것이다. 교회는 십자가의 길을 세상을 향한 하나님의 구원 계획의 참된 본질 가운데 하나라고 생각했다. 교회가 그리스도의 십자가의 삶을 따라가는 것은 예수님께서 계속해서 당신의 지체들을 통해서 살아 역사하신다는 것을 의미하는 것이지 그 어떤 고정된 결과로 주어지는 것이 아니다. 십자가의 삶은 예수님의 구원 사역에서 절대적으로 필요한 부분이었다. 이것이 바로 신약성경이 (그리스도를) 따른다는 것, 그리스도의 몸, 그리고 성령에 대해서 이야기할 때 의미하는 바였다. 다시 말해서 오늘도 계속되는 하나님의 구원 사역은 처음 시작하셨을 때와 비교해 본다고 해도 여전히 유효하고 거룩하며 긴급하지 않은 것이 없다. 하나님께서 당신의 친아들을 통해 역사하셨던 것처럼, 지금도 계속해서 교회를 통해 성령으로 역사하신다.

교회의 십자가를 예수님과 상관없이 받아들인다는 것은 결코 있을 수 없는 일이다. 고난 자체만으로는 어떠한 구원 사역도 성취할 수 없다. 하지만 우리는 교회가 십자가를 지지 않는 삶을 산다면 그리스도의 십자가 역시 아무 의미가 없다는 성경의 가르침에 대해서 고백하기를 너무도 주저하고 있다.

그렇기 때문에 우리는 이제 이렇게 묻고 싶다. 하나님께서 주신 두 가지 명령, 곧 국가에게 주신 명령과 교회에게 주신 명령 사이에는 어떤 관계가 있는가?

우리는 그 대답을 디모데전서 2장 1절 이하에서 찾을 수 있다. 즉, 하나님께서는 모든 사람이 구원받기를 원하시기 때문에 우리에게 정치 지도자들을 위해서도 기도하고, 평화를 위해서 기도하라는 명령을 주신 것이다. 초대교회 당시 백성을 구원하고 그들을 진리를 아는 지식으로까지 인도한 것은 로마제국의 업적이 아니었다. 이는 "하나님께서 국가에게 주신 명령을 궁극적으로 교회에게 주신 명령 안에서 찾을 수 있었다."는 것을 의미한다. 하나님께서 악을 (선으로) 이기라고 교회에게 주신 명령이 악(폭력)을 사용해서라도 악을 억제하라고 국가에게 주신 명령보다도 우선하는 것은, 교회가 (이 땅에서) 그 사명을 감당하고 있기에 의미가 있다. 에베소서 3장 10절 "하나님께서 이렇게 하시는 목적은 교회를 통해서 하늘의 통치자들과 권세자들에게 하나님의 무한한 지혜를 알게 하려 하시는 것입니다."(쉬운성경)에 기록된 바와 같이 하나님의 궁극적인 목적은 교회를 세우는 것이다. 초대교회는 로마제국[3]이 역사상 유례없는 영광을 누린 나라인데도 불구하고 그런 제국이 존재했던 이유에 대해서 너무도 담대하게 주장했다. 즉, 하나님께서는 멸시받던 어부나 세리 등과 같은 작은 자들을 세우셔서 예루살렘에서 처형당한 갈릴리인, 예수님 그리스도의 이름을 전 세계에 전파하게 하셨다는 것이다. 오늘날 우리는 이러한 사실을 너무도 잘 알고 있다. 초대교회 당시 그리스도인들이 어떻게 그토록 담대하게 주장할 수 있었는지에 대해서는 상상이 잘 안 간다. 그러나 초대 그리스도인들은 남들은 미친 생각이라고 여길 만한 관점에 대해 믿는 것 이상으로 실천하는 삶을 살았다. 더 나아가서 자기들의 신앙이 진실임을 세상을 향한 고난의 행진을 통해 입증했다.

어디서든지 국가의 지원을 받는 종교는, 교육과 도덕적 가르침과 국가 권력의 신성함 등에 대한, 종교의 위치를 국가를 후원하는 쪽으로 보았다. 그러나 그리스도인의 신앙은 이 국가와 교회의 관계를 바꾸어놓았고, 세상을 포용하는 제국이라 할지라도 그것은 세상에서 역사하시는 하나님의 구원 사역에 종속되어 하나님의 사역을 지원하는 체제에 불과한 것으로 보았다.

국가의 한계

국가는 하달받은 명령에 따라 (그 역할에) 제한이 있다. 국가에게 주신 명령은 그 권위와 권력을 사용하는 데 제한이 없다는 것을 의미하지 않는다. 국가에게 주신 명령의 본질 가운데 하나는 외부로부터의 악을 억제할 뿐 아니라 자신이 잘못된 길로 빠질 때에도 바로잡아야 한다는 것이다. "그런즉 가이사의 것은 가이사에게, 하나님의 것은 하나님께 바치라."(눅 20:25)고 예수님께서 말씀하신 것은 국가의 그 어떤 주장보다도 우선하는 절대적인 명령이 따로 있다는 것을 의미한 것이다. 우리는 가이사에게 속한 것(그의 형상을 새긴 동전)은 가이사에게 넘겨주어야 한다. 그러나 만약에 예수님께서 사람들의 질문에 답하시면서 국가를 지지하기 위한 발언을 원하셨다면 구태여 이렇게까지 추가해서 말씀하시지는 않았을 것이다. 그보다는 오히려 사람들의 질문이 없었는데도 불구하고 처음에 (가이사에게 세금을 바치는 것에 관해) 질문했던 사람들에게 하나님께서는 과연 각자의 삶이 어떻게 드려지기를 원하시는지에 대해서 생각해 보라고 말씀하셨다.

바울은 의심할 여지도 없이 예수님께서 하신 말씀에 대해서 다

음과 같은 주석을 썼다. "모든 자에게 줄 것을 주라."(롬 13:7, 개역
성경) 바울은 우리가 국가에 당연히 바쳐야 할 것들(세금, 의무, 두
려움, 존경)에 대해서 언급했다. 그가 국가에 속한 모든 것들을 다
언급한 것은 아니다. 만일 그랬다면 그의 말은 예수님의 가르침(하
나님의 것은 하나님에게)에 모순되었을 것이다. 바울은 오히려 예수
님의 가르침에 따라 어느 것이 하나님에게 속하고 어느 것이 가이
사에게 속한 것인지를 결정할 수 있는 대상 목록을 알려준 것이다.
우리는 항상 국가의 한계에 대해서 알고 있어야만 하며 그것은 분
명한 사실이다. 우리가 로마서 13장이 어떻게 시작하는지(로마서
13장에서는 'taxis' 질서라는 뜻의 헬라어를 자주 사용했다)를 주목해
도 국가의 한계를 이해하는 것에는 달라지는 것이 없다. 그리고
13장 8절은 우리가 누구에게 빚을 졌는가에 대한 질문에 대한 답
변이다.(8절이 7절과 어떻게 직접적으로 연결되는지를 주목하라!) 우
리는 누구에게도 사랑의 빚 외에는 그 어떤 것에 대해서도 빚을 지
지 말아야 한다.

우리가 국가에 대해 말할 때는 대부분 '정당한 국가'(just state)
또는 '합법적인 국가'(constitutional state)를 말한다. 이것은 국가
가 행사하는 폭력에도 제한이 있다는 것을 의미한다. '정당한 국가'

의 개념은 기독교 관점에서 보아도 유용하다. 물론 그렇다고 해서 국가의 정의가 하나님의 정의와 동일하다는 것은 아니다. 하나님의 정의는 하나님의 은총으로 설명할 수 있다. 하나님은 우리의 죄를 용서해 주셨기 때문에 의로우신 분이시다.(요일 1:9) 그러나 국가의 관점이 아무리 정당하다 할지라도 이렇게(하나님의 방식으로) 보지는 않는다. 하나님은 국가가 지켜야 할 분명한 기준에 대해서 알려주셨기 때문에 국가는 그 나름대로의 정의를 확립하고, 더 나아가서는 우리(교회)로 하여금 하나님께서 국가에게 주신 명령을 잘 수행할 것을 촉구할 수 있게까지 허락하는 나름대로의 합법적인 명령체계도 확립할 수 있어야 한다. 우리는 실제로 국가에게 그러한 것을 요구할 수 있고, 그것이 비기독교적[4] 국가라 할지라도 국가의 기능이 정당해야 한다는 것을 요구하지 않으면 안 된다. 바울 사도는 국가 권위에 관해서 단순히 말하기를 "나는 그리스도를 따르는 사람이기 때문에 (국가 권위를 행사하는) 당신들의 입장과는 같지 않습니다."라고 말하기도 했지만, 또한 정부 관리라 할지라도 모든 일을 처리하는 데 법에 따라서 공정하게 집행할 것을 말했다.

물론 초대교회 그리스도인들에게는 국가에 대한 자신들의 의로운 입장을 표명할 기회가 별로 없었다. 하지만 국가의 존재 목적과 이유에 대해서 교회는 누구보다도 잘 알고 있었기 때문에 국가에 대한 그러한 교회의 증언은 원칙적으로 교회의 중요한 사명 중 하나였다. 사도 바울이 로마 시민의 한 사람으로서 자신의 권리를 사용했다는 사실만 보더라도 (교회가 비록 구조적으로 국가의 일부가 아니지만) 국가가 부여받은 명령에 대해서는 국가로 하여금 깨닫게 해줄 권리가 있음을 입증하는 것이었다. 그것이 바로 국가에게 주신 명령을 수행하는 한 가지 일이었던 것이다.

우리는 국가의 경계, 한계, 정의에 관해서 말할 때, 국가가 넘어서는 안 되는 경계선을 밟음으로써 부당(不當)해질 수 있음을 알아야 한다. 신약성경은 이러한 가능성에 대한 충분한 근거를 제시하고 있다. 예수님께서 굴복시킨 권력들은 여전히 예수님에 맞서서 봉기할 수 있다. 이런 종류의 국가는 신약성경에 따르면 무저갱에서 나온 짐승(계 13장)이나 악마적 권세를 지닌 자로서 묘사되었다. 이러한 식의 국가의 반역은 로마가 그리스도인들에게 "가이사가 주님이다."라는 고백을 강요하는 것과 마찬가지로 명백히 종교적이었다. 국가 역시 실질적인 문제를 처리할 때 불의를 요구하거나 실행할 수 있지만, 그것은 자신의 범위를 벗어나는 일이다. 교회는 이러한 형태의 국가와 관련해서 하나의 사명이 있다. 이 점에서 "경배와 경외를 받으시기에 합당하신 분에게만 돌려드려야 한다."는 것은 훨씬 더 중요하다. 교회는 예수님을 따르는 고난 속에서도 '성도의 인내와 믿음'(계 13:10, 14:12)을 실천하는 것이 불의한 국가에 대해서도 마땅히 해야 할 일이다.

국가, 이교도의 제도

국가는 그리스도인들이 직위를 받지 않으려 하는 이교도의 한 기관이다. 초대교회의 그리스도인들은 처음에는 '정치인'이 아니었고, 정치적 직무를 맡았던 이들도 그리스도인이 된 다음에는 흔히 자신의 직무를 포기했다. 이것이 당시의 역사적 상황이었다. 당시 그리스도인들은 유대인으로서 로마의 정치 체제를 운영하는 일에는 관여할 수 없었다. 그들은 로마의 시민이 아니었고, 자동적으로 대부분의 직무에 참여할 수 없었다는 것이 중요한 이유다. 그들은 주로 하층민이나 중산층 계층이었다. 그들은 노예들, 여행하는 상인들, 수공업자들이었다. 대개 정치 관료를 그러한 집단에서 선발

하지 않는다. 그러나 그보다 훨씬 더 중요한 점은 국가 자체가 하나의 준(準)종교적인 구조라는 데 있었다. 당시의 로마제국이라는 국가는 순수하게 법률적이지도 않았고, 영적으로 중립적이지도 않았으며, 행정의 도구만도 아니었다. 그것은 하나의 종교였다. 가이사는 신(神)으로 경배를 받았다. 사람들은 "가이사가 주님이시다."라는 말을 맹세할 때와 갈채를 보낼 때 모두 사용했다. 즉, 국가의 본질을 어떤 거룩하고 신적인 존재로 보았던 것이다. 따라서 그리스도인이 국가의 관리로 봉사하는 것은 원천적으로 불가능했다.

그렇다고 해서 만약에 초대교회 그리스도인들이 지도층에 속했다거나 그 당시의 국가가 (가이사를 신으로 떠받들 만큼) 종교적이지 않았다면, 국가에 대한 신약성경의 초대교회 그리스도인들의 태도는 당시의 사회적·정치적·종교적인 상황에 따라 결정되었을 것이고, 따라서 모든 것이 달랐을 것이라고 주장하는 것(그리스도인이 정치에 참여했을 것이라는 가정)은 여전히 오류다. 이처럼 우리가 서로 다른 입장이라고 해서 너무 가볍게 여겨서는 안 되기 때문에 고려해야 할 것들이 있다.

국가, 이교도의 제도 – 객관적 고찰

우선은 순전히 실천적인 관점에서만 생각해 보자. 만약 교회의 진정한 본질이 고난과 십자가를 지는 사랑으로 악(惡)을 대하는 것이라면, 반면에 국가의 진정한 본질이 위협을 가하고, 필요하다면 폭력을 사용해서라도 폭력에 대항하는 것이라면 어떻게 한 사람이 이 둘을 동시에 수행할 수 있단 말인가? 어떤 사람이 칼을 뽑아 드는 동시에 '다른 편 뺨도 돌려 댈 수 있는가?' 신약성경은 이 두 가지 역할이 양립하지 않는다는 것을 명백하게 인식하고 있었다. 로마서 12장 19절은 그리스도인들이 의도적으로 '복수'를 단념할 것을 말씀하고 있다. 복수는 하나님께서 하실 일이다. 그리고 7절 후 로마서 13장 4절에서는 하나님께서는 '복수의 도구'로 국가 권위를 들어서 사용하겠다고 말씀하셨다. 이는 하나님께서 복수의 역할 (폭력으로 자신을 보호하는 역할)을 교회가 아닌 국가에 맡기셨다는 것을 의미한다. 만약에 교회가 어떤 불의한 일을 당했을 때 그것을 바로잡기 위해서 그 일을 불의하게 처리한다면, 어떻게 용서의 복음이 교회를 통해서 계속해서 선포될 수 있겠는가?("차라리 악한 일을 당하는 편이 낫지 않겠습니까?" 고전 6:7 참조) 교회의 사역과 국가의 할 일은 모두 하나님의 뜻과 지시에 따라 수행되어야만 한다.

하지만 이 두 가지 서로 다른 일이 동시에 그것도 같은 사람에 의해서 이루어질 수는 없다. 그 본질이 서로 너무도 다르기 때문이다. 신약성경의 초대교회 그리스도인들에게 이 두 가지 일 중 어느 하나를 선택하는 것이 불가피했을 때 그들은 하나님께서 교회에게 주신 상위의 명령을 선택했다.

그렇다고 해서 교회와 국가의 기능이 서로 양립할 수 없음을 증명하는 유일한 방법이 이렇게 실천적인 부분만을 따지는 것이라고 생각한다면 잘못이다. 그렇다면 결국 우리 모두는 논리적 논쟁으로 인해 기만당할 것이다. 중요한 것은 이렇게 제시한 실천적인 고찰 내용들이 구약과 신약성경을 통해서도 이미 재확인되었다는 것이다. 구약과 신약성경의 관점들은 지금까지 제시한 (국가에 대한 교회의) 기본적 입장들이 마치 초대교회 그리스도인들에 의해서만 처음 발견된 것이 아님을 보여준다. 그것은 이미 하나님께서 맺으신 옛 언약과 함께 예수님의 가르침이 이러한 기본적 입장을 지지하고 있음을 보여준다.

국가, 이교도의 제도 – 구약성경의 관점

우리는 우선 구약성경에 관심을 기울이고, 어떻게 하나님의 백성들이 점진적으로 예수님 그리스도를 준비하게 되었는지를 알아보고자 한다. 이 문제에 관해서 우리는 이스라엘 백성들이 (시대상으로나 그 본질상으로도) 그리스도로부터 가장 멀리 떨어졌던 지점, 즉 왕정 시대 이전의 '거룩한 전쟁'에서부터 시작하고자 한다. 그 당시의 '전쟁'은 (오늘날 우리가 생각하는 국가의) 전쟁과 그 성격이 완전히 다르다. 그 당시의 전쟁은 하나님께서 베푸신 기적을 통해 치러졌다. 그것은 하나님이 당신의 백성을 위한 절대적인 왕이심을 증명해 준 일들이었다. 이는 단순히 장수가 없다는 것만이 아니라 거기에는 국가조차도 없었다는 것을 의미한다. 이스라엘에 위협이 되는 긴급한 상황이 생기면, 누군가 '나팔을 불었다.' 그리고 제대로 된 무기도 갖추지 않은 채, 그리고 적의 병력과 맞설 수 있는 병력도 안 되는데도 (경보신호에 따라) 즉각 모든 동포들이 한데 모였고, 하나님께서는 그들에게 승리를 안겨주셨다. 그것은 국가의 도움 없이도 생겨난 일이었다. 여리고를 돌던 나팔 행진과 항아리로 무장한 기드온의 삼백 용사는 국가의 군사력으로 볼 수 없다. 이는 군사적인 전투가 아니었다. '전쟁'이라는 말의 의미도 가장 심오하고 신성한 예배에 대한 경험이었다고 할 수 있다.

이러한 여러 측면에서의 전쟁을 새 언약(New Covenant)의 시대를 살고 있는 우리가 본받아야 할 모델로 여기는 것은 불가능하다. (새 언약의 시대에 살고 있는) 우리는 하나님의 뜻을, 그것도 하나님의 은혜가 있기에 더욱 확실하게 이해하고 있다. 그렇다고 해서 이스라엘의 초창기 역사에서는 하나님의 뜻이 잘 나타나지 않았다는 것은 더욱 아니다. 이스라엘에 아직 왕이 없던 역사의 초기에, 하나님의 뜻은 이스라엘의 정치제도 없이도 백성들이 살아가고 또 하나님의 강력한 은혜에 직접적으로 의지하기 위해서 전쟁이 벌어지는 극한적 상황에서도 하나님을 더욱 신뢰하기를 바라셨다.

그러나 이스라엘에 '다른 나라처럼' 왕이 생기자 상황은 급변했다. 이스라엘의 초대 왕이었던 사울은 그전까지의 기이하고 믿겨지지 않는 관습(하나님을 신뢰하는 것에 따른 기적을 경험함)을 포기하기 시작했다. 그는 새로운 국가를 세우는 것을 목표로 상비군을 조직했고 주변의 이방 나라들처럼 군사 정책을 펼쳐나갔다. 예컨대, 그는 전쟁에서 탈취한 전리품들을 없애버리기보다는 하나님께 봉헌한다는 명목으로 그것들을 소유했다. 그렇기 때문에 하나님께서는 사울 왕 시대부터 사무엘과 같은 선지자(예언자)들을 불러서 이스라엘 왕들의 뿌리 깊은 정치적 불순종을 나무랐던 것이다.

이러한 선지자들의 좋은 예로 이사야를 들 수 있다. 그는 분명히 전쟁의 위협에 대비하여 요새를 점검하고 있는 아하스 왕을 "윗못"(사 7장)에서 찾아낸다. 아하스는 방어 무기를 들고 따르라는 명령이 아니라, 단지 하나님을 신뢰하라는 명령을 받았다. 왜냐하면 하나님은 큰 재앙이 닥치지 않을 것임을 확신하고 인격적으로 응답하기를 원하시기 때문이다. 다른 경우(사 18, 30, 31장)에 예언자는 하나님을 이스라엘을 구원하기 위해 몸소 나타나시는 분으로 묘사한다. 하나님은 폭풍 속에서 오시며, 사자와 같이 오시며, 자기 새끼를 보호하기 위해 높은 곳에서 내리 덮치는 새와 같다. 이런 구원은 기적이라는 말로도 모자랄 정도다. 이러한 하나님의 기적을 우리는 결코 거룩한 전쟁이라고 하지 않는다. 이런 기적은 여호수아의 나팔이나 기드온의 항아리를 필요로 하지도 않았다. 그러나 정치 지도자들에게는 하나님을 신뢰할 만한 충분한 믿음이 없었다. 그들은 이집트와의 동맹을 더 믿었으며 자신들의 말과 전차를 더 신뢰했다. 이러한 불신적인 행동은 스스로를 망치는 결과를 가져왔다. 그들이 "고요히 흐르는 실로아의 물"을 경멸했기 때문에 아시리아의 세차게 넘쳐흐르는 물이 결국은 그들을 뒤덮었다.(사 8:6~8)

예레미야는 이러한 불순종한 국가에 대해 더욱 가혹하게 비판했다. 그는 원수에게 항복할 것을 권고(렘 27장)했고 포로 된 상황에서 속히 회복될 것이라는 희망을 갖지 말라고 경고했다.(렘 29장) 그들의 운명은 하나님의 고난 받는 종으로서(사 42, 49장) 포로 된 자의 노랫소리가 울려 퍼지기를 선포하는 것이었다. 세상에서 역사하시는 하나님은 하나님의 백성들로 하여금 자신들의 존재를 기꺼이 부인할 것을 요구하신다. 하나님의 고난 받는 백성들은 모든 정치적인 보호로부터 자유롭다. 그리고 그들은 죄가 없는데도 보호받지 못하시고 오히려 사람들에게 자신을 순전히 내어주신 그리스도(사 53장)를 가리키는 선지자적 목소리를 내는 사람들이 된다.

국가, 이교도의 제도 – 신약성경의 관점

이제 우리는 국가에 대한 신약성경의 관점에 대해서 알아보고자 한다. 신약성경은 그리스도인들이 과연 국가에 적합한 방식을 따르면서도 동시에 교회가 원하는 방식으로 하나님을 섬길 수 있다고 가르치고 있는가? 그 대답은 이렇다. 우리는 이 물음을 신약성경의 상황 밖에서 도입했으면서도 그 대답을 신약성경 안에서 찾으려고 해서는 안 된다. 그와는 반대로 오히려 이 질문은 그 자체로서 이미 신약성경 안에서 아주 분명하게 거론되었다. 그것도 다른 어떤 사람과 결부된 것이 아니라 완벽하신 예수님 그리스도와 관련해서 말이다. 오스카 쿨만[*역주 2]은 사람들이 성경의 가르침이라고 일반적으로 인정하지 않는 사실, 즉 예수님께서 당대의 정치적 사안들에 대해서 아주 구체적으로 부딪치셨다는 아주 분명한 연구 결과를 내놓았다.

여기서 일차적으로 언급할 수 있는 것은 열심당원(Zealot)의 선택이다. 열심당원은 그 시대의 정치적 삶에서 아주 중요한 역할을 한 사람들이었다. 팔레스타인을 식민지화한 로마의 체제에서 열심당원들은 '거룩한 전쟁'(이 용어는 원래는 이런 상황에서 쓸 수 있는 말이 전혀 아니다.)을 통해 이교도 통치자들을 자신들의 땅에서 몰아내기를 원했던 자유의 투사들이었다. 그들의 봉기는 예수님의 시대 이후로도 계속되었고, 결국 예루살렘 멸망의 계기가 되었다. 예수님은 그들과 상대하는 것을 기피하지 않았다. 예수님은 '하나

---

*역주 2) Oscar Cullmann, *The State in the New Testament*, New York: Schribners(1956), 『국가와 하나님의 나라』, 민종기 옮김(서울: 여수룬, 1999) 참고.

님의 나라'를 선포했고, 또한 그 나라는 열심당원들도 원하던 것이었다. 그리고 우리 모두가 익히 잘 알고 있듯이 예수님의 열두 제자 중에는 열심당원 출신인 사람도 있었다. 예수님은 열심당원들로부터도 제자들을 선발할 정도로 그들과 상당히 가까웠다. 예수님의 사형을 합리화하기 위해 고소한 사람들의 법적 근거는 예수님이 열심당원이며, 왕권을 뒤흔드는 사람이라는 것이었다. 이러한 고소를 받을 만큼 예수님은 열심당원들과 상당히 가까웠다. 예수님께서 열심당원들과 너무도 가까웠기 때문에 그들의 봉기운동에 스스로 가담해야 할지에 대한 심각한 유혹을 받았을 것이라는 사실 또한 틀림없다.

열심당원과 연대하는 것이 예수님에게 어떤 의미가 있는지를 한번 상상해 보자. 예수님이 메시아로서 모든 사람을 소집한다면 실제로 모든 열방이 봉기하고, 그분에게 보좌를 넘겨주고, 그분 스스로 로마를 몰아내는 데 앞장설 것이며, 그의 초자연적 기적을 일으키는 능력으로 열심당원들을 보호하고 후원할 것이다. 그는 정의로운 국가를 건설했을 것이다. 예수님은 그들에게 약속한 것처럼 하나님의 선택으로 전 세계에 대한 통치를 획득하는 데 도움을 주었을 것이다. 만약 그러한 시대가 있기나 했다면, 정권을 장악하는 것만으로 그것은 정당화될 수 있었을 것이다. 그렇다. 그렇게만 했다면 모든 것이 다 될 뿐이었다.

이것이 세례를 받은 후에 예수님께서 받았던 시험이었던 것이다. 그는 전 세계의 지배권을 제의받았다. 그것은 빵을 만드는 기적이나 성전 꼭대기에서 훌쩍 뛰어내림으로써 자신이 메시아라는 것을 입증하라는 제안이었다.(말라기 3장 1절 말씀의 성취) 이것은 또한 사람들이 예수님의 오병이어의 기적(요 6:15)을 경험한 후에 와서 예수님을 강제로 데려다가 왕으로 삼으려고 했던 것과도 관계있다. 마지막으로 예수님께서는 겟세마네 동산에서 기도하실 때 다가올 고난의 잔이 피해 지나갈 가능성은 없는지에 대해서도 생각하셨다. 그리고 예수님께서 "열두 군단이나 되는 천사들"의 보호를 단념했을 때는 마귀가 마지막으로 한 번 더 제안한 유혹을 거절한 것이었다. 예수님은 결국 십자가를 선택했고 세상이 원하는 왕권을 거절했다.

우리는 오늘날 예수님께서 이러한 삶을 살아가셨음을 상상하는 것 자체도 어려운 시대를 살고 있다. 어떻게 그 많은 군중들을 먹일 수 있었단 말인가?(오병이어의 기적) 어떻게 성전 꼭대기에서 성전 지붕 위로 뛰어내릴 수도 있었단 말인가? 메시아 국가가 도래했다면, 과연 어떤 모습이었을까? 천사들이 예수님을 위해서 싸웠더라면 과연 어떠한 싸움이었을까? 그러나 과연 이러한 일련의 사건들이 일어날 가능성은 전혀 없었던 것일까? 신약성경의 관점에 따르면, 예수님에게는 이러한 모든 일들이 현실적으로 일어날 가능성들이 있었다. 예수님은 그런 가능성을 현실화하는 선택을 할 수도 있었다. 예수님께는 그가 걸어갈 수도 있었던 또 다른 길이 놓여 있었다. 그는 정치권력을 쟁취함으로써 십자가를 회피할 수도 있었다.

그런데 만일 그렇게도 완벽하고 의로우신 예수님께서도 십자가의 길과 세상의 권력을 동시에 선택할 수 없었던 것이라면, 그래서 만약 빌라도에게 정치적인 선택을 할 수 있게 허락하신 것이고 그래서 만약 십자가의 길을 가기 위해 국가가 지원하는 폭력을 거절한 것이라면, 이것은 확실히 서로 다른 두 가지 선택(십자가의 길, 세상의 권력)이 서로 양립할 수 없음을 궁극적으로 증명하는 것 말고는 무엇이겠는가? 인간의 몸으로 오신 당신 아들을 통한 하나님조차도 이 두 가지 선택을 동시에 결합시킬 수는 없었던 것이다. 하나님께서는 국가를 의도적으로 이교도의 손에 남겨두셨다. 하나님은 세상 속에서 세상을 위해서 역사하시지만 다른 방법, 다시 말해서 좀 더 효과적인 사역 방법을 갖고 계신다.

국가에 대한 그리스도와 초대교회의 입장은 두 가지 반대(反對)에 부딪친다. 그러한 반대의 목소리가 오늘날에도 여전히 예수님의 삶을 따르고자 하는 사람들을 향해서도 들리고 있다. 그러나 그것들은 최근에 일어난 반대가 아니다. 그들은 신약성경의 가르침을 어떻게 적용할지에는 관심이 없다. 오히려 신약성경의 가르침 자체를 문제 삼는다. 만약 그런 사람들의 태도가 사실이라면 그것은 예수님과 신약성경에 대한 심각한 비판이 아닐 수 없다.

첫 번째 반대는, 만약 국가를 "비그리스도인들[5]의 손에 맡기셨다면" 그것은 국가를 마귀의 손에 넘겨주는 것이며 세상에서 벌어지는 모든 일들에 대한 관심을 포기하는 행위라는 것이다. 국가를 악인과 악한 권력에게 넘겨주느니 차라리 통제하는 것이 낫지 않을까? 만약에 정말 세상일을 걱정하면서 사는 사람다운 사람들이 없다면 이로 인해 (국가를 이교도의 손에 넘겨주었기 때문에) 최후에는 어떤 일이 벌어질지에 대해서 누가 알겠는가?

그러나 이교도의 국가인 경우에도 거기에는 하나님께서 통제하지 않아도 될 만큼의 나름대로 완전한 자치권이 있을 텐데, 우리가 신약성경이 증언하는 사실을 그대로 믿기만 해도 그 첫 번째 반대

의견은 그 힘을 상실하게 된다. 우리가 이미 주지하다시피, 신약성경이 확신하는바, 표면적으로는 항상 그렇게 보이지 않을지 몰라도, 국가 권력을 움직이고 있는 이교도들뿐 아니라 그 배후에 있는 사탄의 세력조차도 이미 하나님의 오른편에 앉아 계신 부활하신 예수님의 주되심 아래 이미 무릎을 꿇었다는 것이다. 그렇기 때문에 예수님과 초대교회 그리스도인들이 칼을 이교도 국가의 손에 넘겨주었다는 것은 그것을 사탄에게 넘겨주었다는 말이 아니고 오히려 하나님의 궁극적인 통치하심에 맡겼다는 것을 의미한다.

국가에 대한 그리스도와 초대교회의 입장에 반대하는 두 번째 이유는, 그리스도인들이 아주 무책임한 식객(食客)처럼 국가의 보호를 달게 받고는 있지만 국가를 위한 봉사의 의무를 수행하는 것은 짐으로 생각하고 자신들은 아무런 짐도 덜어주지 않으려고 하는 사람들처럼 보이기 때문이다. 그들은 다른 사람들이 연대해서 제공하는 유익은 만끽하지만 그런 연대감 있는 행동으로 공헌하기를 꺼린다. 예컨대, 이것은 이교도였던 켈수스(Celsus)가 그리스도인을 반대하면서 제기했던 문제이기도 하다. 그러나 이 또한 첫 번째 반대 이유만큼이나 확연히 그 문제 자체의 정당성을 상실한다. 만약 신약성경의 증언하는 내용대로 그리스도인이 복음을 선포하고 (위정자들을 위해) 간구하는 기도를 드리며, 고난 받는 제자의 길을 걸어가고, 이웃 사랑을 실천하는 삶을 살아간다면 (초대교회의 교부 오리겐이 켈수스에게 응답했던 것처럼) 그리스도인은 인간 사회의 연대를 위해 아무것도 하지 않는 것이 아니라 더 많이 공헌하며, 따라서 정부 관원들보다 더 많이 국가에 공헌한다고 할 수 있다.

적용의 문제

우리는 앞에서 국가에 대한 신약성경의 관점이 무엇인지에 대해 결론을 내릴 수 있었다. 하지만 우리는 그 과정에서 신약성경의 가르침을 오늘날 어떻게 적용해야 하는지, 그 연관성에 대해서는 의도적으로 논의하지 않았다. 신약성경은 무엇보다도 신약성경이 전제하는 범위에서 이해할 필요가 있다. 이제는 우리가 신약성경의 가르침과 현재의 삶 사이를 연결할 수 있는지를 묻지 않으면 안 된다.

이에 대한 신학자와 대다수 교회의 관점은 일치한다. 대부분은 신약성경이 말하는 교회와 세상의 관계가 우리가 지금까지 설명했던 입장과 같음을 인정한다. 그런데 그에 상응하는 그리스도인의 의무는 없다고 주장한다. 그도 그럴 것이 우리가 사는 세상이 과거 1세기 때와는 너무도 많이 변했기 때문에 사람들은 당시의 신약성경의 입장을 오늘날 어떻게 적용해야 할지 모르겠다고 말한다. 오늘날의 국가는 더 이상 1세기의 국가와 같지 않으며, 교회도 그만큼 변화를 겪었다. 그렇기 때문에 대부분의 교회와 신학자들은 오늘날의 그리스도인들의 삶의 방향이 완전히 새롭게 달라져야 한다는 결론을 내린다. 우리가 오직 신약성경의 가르침만을 이야기한다 할지라도, 그것이 오늘날 우리 삶의 규범이 되는 것인지 아닌지에 대해서 궁금해하는 것 외에는 달리 생각해 본 적이 없을 정도다.

물론 우리도 지금까지 어떤 형태로든 엄청난 변화가 있었다는 것을 부인하지 않는다. 콘스탄티누스 대제의 교회 승인, 교회의 공식적인 가르침에 대한 그의 간섭, 테오도시우스 치하에서의 이교도에 대한 박해, 아우구스티누스가 다른 신념을 가진 기독교인들에 대한 핍박을 허용했다는 것, 중세 시대와 종교 개혁 시대, 그리고 우리 시대의 사건들에 이르기까지 먼저 '기독교화'되었던 유럽

이 이제는 다시 '탈(脫)기독교화'되고 있다는 것, 이 모든 것들이 교회와 세상 사이의 관계에 근본적인 변화를 초래한 것이 사실이다. 이것은 아무리 부인하려 해도 할 수 없는 것이다. 우리가 묻고자 하는 것은 "여전히 주후(AD) 65년경에 살고 있는가?"에 대한 것도 아니며, "세상과 교회의 관계가 아직도 그때와 같은가?"라는 것도 아니다. 문제는 그 후로 상당한 변화가 있었으니 "신약성경의 가르침은 더 이상 그리스도인의 삶의 규범이 되지 못하는가?"라는 것이다.

실제로 대부분의 신학자들과 교회들은 이러한 신약성경의 적실성을 너무 쉽게 무시하기까지 한다. 그들은 지금까지 상황이 많이 변했다는 이유로 신약성경의 관점을 아주 자연스럽게 무시하고 이를 정당화하기까지 한다. 그런데 여러 가지 상황 변화에도 불구하고 신약성경의 가르침이 오늘날 우리에게 여전히 적절한 삶의 규범임에 대해서 사람들은 지금까지 마치 한 번도 생각해 본 적이 없는 것 같다. 특히 국가가 재가(裁可)하는 폭력 시행에 관한 네 번째 논제와 관련해서 신약성경에 따르면 그것은 명백히 그리스도인들이 아닌 이교도에게만 허락된 일로서 오늘날 그리스도인들이 받아들일 수 있는 일은 전혀 아닌 것이다.

시대가 변했다는 이유로 사람들은 성경의 가르침을 대체할 만한 다른 대안적 지침들을 들여왔다. 중세 시대의 가톨릭주의는 로마제국의 규범을 거르지 않고 그대로 받아들였다. 종교개혁은 '정부의 권위'와 '소명'(하나님의 뜻)이라는 절대적인 고정개념하에 실시됐고, 그것은 그리스도인이든 비그리스도인[6]이든 누구에게나 똑같이 적용되는 문제였다. 계몽주의 시대에는 '자유', '민주주의'라는 개념이 등장했고, 우리 시대에는 하나님께서는 특정한 민족이나 인종을 선택하신다는 개념이 자주 사용되고 있다. 이러한 새로운 개념들 사이에 공통점이 있다면 그것은 그리스도인들이 교회와 세상의 관계를 이해하는 데 있어 그리스도인들이 비기독교적인 규범을 따르고 그런 자신들의 행동을 정당화하기 위해서 스스로 성경적 가르침으로부터 자유롭게 다른 유용한 세상의 방식들을 차용해 왔다는 점이다.

이러한 관점을 '기독교적' 또는 '옳은 것'으로 받아들이는 수많은 사람들이 있기에 우리는 이 논증을 좀 더 철저히 검토해야 하며, 단지 대안만 제시할 것이 아니라 설명도 명확히 해야 한다.

첫째, 사도시대 이후로 변모하기 시작한 교회의 상황을 오늘날 우리가 어떻게 평가해야만 하는지 살펴보아야 할 것이다. 둘째, 그동안 다양하게 변화했던 양상들을 더 철저히 조사해야만 하며, 과연 그것이 신약성경의 가르침을 무시하기에 충분한 사유가 되는지도 알아봐야 한다. 셋째, 만약 성경의 가르침이 절대적으로 타당하다면, 우리는 그것이 오늘날 국가와 교회의 관계에서 무엇을 의미하는지에 대해 자문할 필요가 있다.

변화의 문제점

첫 번째로 해야 할 일은 가장 기본적인 질문을 던지는 것이다. 4세기에 로마가 기독교 국가가 된 것은 과연 기독교의 진보(進步)였던가? 콘스탄티누스와 동시대인인 유세비우스로부터 시작하여 종교개혁기와 현재에 이르는 허다한 교회 역사가와 신학자들은 그렇다고 생각한다. 그러나 그 모든 변화의 이면에 무엇이 놓여 있는지 아는 것이 매우 중요하다. 우리가 지금까지의 변화를 어떻게 평가하느냐에 따라서 국가에 대한 교회의 입장이 결정될 뿐 아니라 교회의 본질적 개념 또한 결정된다. 물론 이러한 변화가 아주 중요했다는 것에는 모두가 동의하고 있다. 그러나 그것이 더 좋은 변화였고 과연 그리스도인답게 생각하고 긍정적으로 평가할 수 있는가는 서로 다른 문제다. 중세 시대와 종교개혁 당시의 사람들은 이를 긍정적인 변화라고 주장했다.

여기서 우선 분명히 해야 할 사항은 신약성경은 그러한 '진보'를 전혀 예견하지 않았다는 점이다. 다시 말해서 신약성경에는 교회와 세상의 관계에서 긍정적으로 평가할 만한 근본적인 변화에 대한 기대가 전혀 없었다. 물론 국가는 여러 사안들에 대해서 입장을 달리할 수도 있다. 예를 들어, 국가는 하나님에게서 위임받은 일들을 수행할 수도 있지만(롬 13장) 스스로를 거짓된 신으로 몰아갈 수도 있다(계 13장). 그러나 이렇게 하든 저렇게 하든 국가는 여전히 이교적이다. 신약성경은 상황이 개선되리라는 기대를 전혀 하지 않았다. 그와는 반대로 오히려 교회 상황은 더 악화되리라고 예상했다. 엄청난 박해가 발생할 것이고 그로 인해 많은 그리스도인이 신앙을 포기할 것을 예견했다. 만약 우리가 신약성경의 관점에 비추어 '국가의 기독교회'를 평가한다면, 그 변화는 '진보'라기보다는 '타락'일 것이다.

재세례신앙 운동이 태동한 것은 1523년 10월 취리히에서의 일이다. 종교개혁가였던 울리히 츠빙글리는 당시의 비성경적인 미사 관행을 없애자는 의견을 취리히 시의회에 상정(上程)했다. 츠빙글리가 그렇게 한 것은 중세 시대의 다른 개혁자들과 마찬가지로 시의회 의원들이 그리스도인일 뿐만 아니라 하나님의 특별한 인도하심을 받은 특별한 영예를 받기에 합당한 사람들이라고 믿었기 때문이다. 바로 이것이 시몬 슈툼프(Simon Stumpf)와 콘라드 그레벨(Conrad Grebel)로 하여금 "그만!"이라고 소리치지 않을 수 없게 한 대목이다. 그들은 오로지 성경의 권위만을 인정했다. 그것이 교회 밖에서의 일이라도, 또는 국가가 스스로 기독교 국가라고 주장한다 할지라도 오직 성경의 권위만 참될 뿐이라고 주장했다. 만약 미사가 비성경적이라면, 정부 관리들이 그리스도인이라 할지라도 미사를 존속시킬 수 있는 권리는 없는 것이다. 바로 이 시점이 재세례신앙 운동이 (그들이 최초로 신자의 세례를 베풀었을 때가 아닌) 구체적인 역사로 현실화되는 순간이었다. 아나뱁티스트가 존재해야 할 이유는 그들이 (신자의) 세례를 시행했기 때문도 아니고, 그들이 사회윤리를 채택했기 때문도 아니고, 그들이 무장하기를 거부하고 맹세를 거부했기 때문도 아니다. 아나뱁티스트들의 존재 이유는, 아무리 기독교적이고 성경을 능가한다 할지라도 성경 이외의 그 어떠한 권위도 받아들이지 않기 때문이다. 아나뱁티스트들의 입장은 너무도 확고했다. 상황이 많이 변했으니 신약성경의 권위가 더 이상 유효하지 않다는 것과 국가는 실질적으로 기독교화될 수 있다는 주장에 대해 분명하게 "아니요!"라고 응답한 사람들이 아나뱁티스트였다. 만약 그들의 이러한 근본 확신이 잘 못되었다면, 아나뱁티즘(메노나이트도 마찬가지)이 존재해야 할 타 당성이 없어지는 것이다. 결국 다른 모든 문제에서도 세례, 교회에 대한 이해, 제자도, 또는 사회윤리학, 관용의 선호에 대한 그들의 확신은 성경을 향한 그들의 태도를 반영하는 것이었다.

문명의 진보가 신약성경으로 하여금 더 이상 삶의 규범으로서 역할을 하지 못하도록 했다는 주장은 당연히 국가가 내포하고 있 는 문제와도 관련 있다. 성경에 대한 거의 모든 신앙고백은 비슷한 방식으로 이 문제를 우회하려고 한다. 예컨대, 어떤 사람들은 이렇 게 주장한다. 신약성경 시대에 사람들은 기적을 믿었다. 그래서 사 람들은 예수님의 기적에 관한 이야기를 말할 수 있었다. 이제 우리 는 이러한 것들이 일어나지 않는다는 것을 안다. 그 결과 우리는 그러한 사건을 보도하는 복음서의 부분들을 괄호 속에 묶어두어야 한다. 또 다른 사람들은 다음과 같이 주장한다. 신약성경 당시에 사람들은 신들이 인간의 모습(행 14:11)으로 출현한다는 것을 믿 었다. 그래서 사도들은 예수님을 하나님의 아들로 기술할 수 있었 다. 이제 우리는 그러한 관념이 철학적으로 불가능하다는 것을 알고 있다. 그래서 우리는 그 기록들에서 그러한 부분들을 걸어내야 한다. 이것이 사람들의 논리다. 그리스도인으로서 우리는 시대가 바뀌고 상황이 '진보'했으니 이렇게 성경을 '교정'할 수 있다는 것에는 동의하지 않는다. 다른 영역에서는 괜찮은데 왜 유독 교회와 국가의 관계에 대해서는 (성경의 가르침과는 달리) 상황이 달라져야 한다고 생각하는가? 우리는 정작 이렇게 질문할 필요가 있다.

반세기 전만 해도 사람들은 여전히 진보의 개념을 믿었다. 그때만 해도 모든 것이 앞을 향해 나아가는 것처럼 보였다. 교육, 기술 지식, 경제 발전 등, 모든 것이 진보하는 것으로 보였다. 사람들은 인간성 자체도 향상되고 있다고 생각했다. 유럽 사람들은 하나님을 믿었기 때문에 그 보상으로 전 세계를 지배하게 되었다고 생각했다. 이렇게 전 세계적인 발전이 (콘스탄티누스적 전환과 종교개혁을 포함한) 하나님께서 역사를 인도하시는 방법이라는 것에 대해서 그 누가 의심했겠는가? 그 당시에는 국가가 '기독교화'되었다는 것이 거대한 변화의 일부였고, 그렇기 때문에 동시에 신약성경을 '교정'할 필요가 있다고 자연스럽게 확신한 것 같다. 하지만 그런 '서양의 기독교'가 지금까지 우리에게 준 교훈은 무엇인가? 우리는 더 이상 모든 변화가 진보를 의미한다고는 믿지 않는다. 우리가 과거에 그토록 쉽게 믿었던 것처럼 현재의 중대한 상황으로까지 인도한 지금까지의 모든 단계가 항상 긍정적인 변화였다는 사실을 우리는 더 이상 믿지 않는다.

상황 변화의 의미!

신약성경의 관점과는 달리 세상이 진보했다는 주장에 대해 우리가 회의적인 데는 충분한 이유가 있다. 아니, 그런 진보라는 주장들을 진지하게 검토할 필요가 있다. 정확히 무슨 변화가 있었단 말인가?

1. 교회는 박해를 받은 것이 아니고 세상으로부터 인정받고 특혜도 받았다. 이런 변화가 실제로 일어났다는 점을 부인할 수 없다. 그렇다고 해서 이 근본적인 문제(상황이 변했으니 신약성경의 가르침은 오늘날 타당하지 않다는) 해결을 위한 실마리를 제공하지는 않는다. 신약성경에서도 교회는 평화 시대를 경험했다. 하지만 이것이 그 당시의 국가에 대해 다르게 평가했다거나 그리스도인들이 정부 직책에 진출하기 시작했다는 것을 의미하지 않는다.

2. (신약시대 이후) 그리스도인은 인구의 대다수를 차지하거나 또는 인구 전체가 될 정도로도 증가했다. 비록 초대교회의 소수였

던 교회들이 국가를 다른 사람들, 이방인의 손에 별다른 어려움 없이 맡길 수 있었지만, 오늘날은 그것이 불가능하다. 오늘날은 그리스도인이 국가의 일에 관여하지 않고 사는 것이 가능하지 않으며 바람직하지도 않다.

얼핏 보기에는 이 문제가 논박할 여지가 없는 것 같으나 결코 그렇지 않다. 우리는 여기서 단어 게임을 하고 있다는 것을 명심하자. 우리가 이야기하는 '그리스도인'이라는 명칭은 서로 다른 두 시대가 흐르는 동안 같은 의미로 쓰이지 않았다. 초대교회 당시 소수였던 그리스도인들은 그들의 신앙심의 깊이와 크게 상관없이, 일단 그리스도의 십자가의 삶을 살기 위해 기꺼이 고난에 동참하려는 확신에 찬 신자들이었다. 그런데 중세시대나 종교개혁 시대의 그리스도인들이 다수를 차지했을 때는 더 이상 (초대교회처럼) 자기 신앙을 확신하는 사람들이 아니었다. 세례받기 전에 신앙고백을 한다는 입장이든 아니든 당시는 모두가 유아세례를 받은 사람들이었다. 그렇다고 해서 우리는 여기서 누가 분파주의자이고, 누가 경건주의자인지 구분하려는 것이 아니다. 그것은 아우구스티누스에서 비롯되었고 나중에 루터와 캘빈이 자신들의 가르침과도 연결 지은 참된 교회의 비가시성, 예정설, 그리고 그리스도인으로서 믿음생활을 하는 사람은 큰 영토 개념의 교회를 다닐지라도 아주 소수에 불과하다는 가르침의 일종이다. 그런데 우리가 이 논리를 마지못해 인정한다면 전체 논증 자체가 무의미해진다. 만약 참된 그리스도인이 여전히 (예정 받은) 소수뿐이라면, 신약성경의 가르침은 왜 여전히 삶의 규범이 될 수 없다는 말인가?

여기서 이 논쟁의 결론을 내릴 수 없는 이유가 또 있다. 사람들은 국가를 통치하는 사람들이 항상 다수여야 한다고만 생각한다. 하지만 항상 그렇지는 않다. 그것은 지금까지의 세계 역사를 보더라도 사실이 아니며, 오늘날의 세계에서도 마찬가지로 사실이 아니다. 설령 전 세계 인구 모두가 참된 그리스도인들이라 할지라도 지금의 문제를 해결하는 데는 아무런 도움이 되지 못한다.

3. 정치 지도자들이 기독교인이 되었다. 스위스 종교개혁자인 하인리히 불링거(Heinrich Bullinger)는 "군주들 스스로가 교회의 구세주(savior)이자 후원자(nourisher)가 되었다."고 말했다. 그러나 이 논거 역시 확실히 개념을 못 잡고 있는 것 같다. 만약 어떤 '군주'가 그리스도를 따르기 위해서 모든 것을 포기할 준비가 되어 있다는 의미에서 그리스도인이 되었다면, 신약성경의 가르침은 여전히 적용 가능하다. 만약 그가 가시적인 교회에 속한 상태에서 국

가의 공적인 직위에 따라 살면서 비기독교인[7]처럼 자유롭게 행동하는 상태에서 기독교인이 된 경우에도 국가에 대한 신약성경의 입장은 여전히 적용되나, 다만 이런 경우 교회는 신실하지 못한 교회가 될 것이다.

4. 나폴레옹 이후에는 모든 사람에게 병역의 의무가 요구되었다. 정말 그렇다! 그렇지만 병역의 의무와 그리스도인의 책무가 같아질 수는 없다. 로마제국 시절에도 사람들은 가이사를 숭배해야 한다고 일률적으로 요구받았다. 그런데도 그리스도인들은 이 요구에 굴복하지 않았다. 종교개혁 시대에는 모두에게 유아세례를 요구했다. 그러나 우리의 선조(아나뱁티스트)들은 그러한 요구에 따르지 않았다. 병역의무를 전적으로 요구할 수 있다는 권리가 국가에게 생겼다는 것은 심각한 문제를 야기할 만한 일이다. 하지만 국가에 대한 성경의 관점은 아무것도 변하지 않았다. 다만 국가가 바람직하지 못한 방향으로 변했을 뿐이다.

5. 오늘날 우리는 전체주의 국가와 복지 국가를 구분한다. 국가의 역할은 오로지 국민의 물리적 안보만을 지키는 데 국한되지 않는다. 국가는 도로를 건설하고, 학교를 세우고, 의료시설을 제공하고, 노인들을 부양하고, 우편물을 배달한다. 우리에게 찾아온 변화

는 정말로 신약시대와는 다른 것이다. (그 당시 로마제국[8]도 실제로 우편 체계와 일정한 복지 제도를 확보하고 있었다. 하지만 그것이 일반인들에게 이용 가능한 것은 아니었으며, 신약성경도 그에 대해 대해서 다루지 않았다.)

근대 국가의 많은 활동을 보면 반드시 정의를 지키기 위해 폭력을 행사하는 것이 아니고, 어떤 때는 아예 정의 수호와는 무관하게 폭력을 행사하기도 한다. 우리는 아직까지도 여기서 어떤 개념의 차이가 있음을 발견한다. 오늘날 '국가'의 개념은 단순히 '통치기관으로서 정부당국'(obrigkeit)[9]을 의미하는 것이 아니기에, 이를 좀 더 넓게 이해해야 한다. 또한 '국가'의 개념은 그 의미가 광범위하고, '칼의 기능'이나 다른 여러 행정적인 기능뿐 아니라 국가 구조상 필요한 다른 모든 기능까지도 포함한다. '국가'에게 폭력을 사용할 수 있는 권한이 있기 때문에 그것이 오늘날 이교도로 간주되어야 한다는 것은 아니다. 그러므로 현재 이렇게 광범위한 의미의 '국가' 개념에서 그리스도인들이 국가의 일에 능동적으로 참여하는 것을 배제해서는 안 된다.

그러나 칼의 폭력 자체는 그 폭력을 행사하는 이들이 다른 일도 집행한다는 점에서 변하지 않았다고 할 수 있다. 그것을 굳이 변화라고 주장한다면 그것은 악화된 변화를 뜻하지 않겠는가? 왜냐하면 사회적으로는 도움 되는 많은 일들도 국가가 행사하는 폭력으로 인해 유익하지 못할 때가 많기 때문이다. 예를 들면, 복지 프로그램은 전시(戰時)에는 전체주의 국가의 식민정책을 지원하고 강요할 수 있다. 학교 제도는 선전 도구가 될 수 있으며, 호적 등록은 유대인을 박해하는 수단이 될 수 있다. 그리스도인들이 아주 잘 섬길 수 있는 사회의 여러 봉사 영역마저도 같은 맥락에서 유익하지 못한 경우가 있다.

6. 모든 사람을 동일한 기준으로 보지 않는 것은 현대인들에게 매우 불쾌한 일일 수 있다. 이 관점을 대표하는 인물은 철학자 임마누엘 칸트다. 그의 기본 원칙에 따르면, 만일 어떤 사람이 다른 모든 이들에게 비슷한 행동방식을 요구할 수 있다면 그 행동은 선하다고 주장할 수 있다는 것이다. 이러한 태도는 현대에 와서 우리가 일반적으로 사유(思惟)하는 방식이 되어버렸다. 이에 부합하지 않는 것은 모두 '이중 잣대'라는 비판을 받았다. 그러나 그런 태도는 결코 기독교적이지도 않을뿐더러, 현실적이지도 않다.

그리스도인이 예수님을 따를 수 있는 것은 용서를 경험하고 성령의 능력을 의지하기 때문이다. 그리스도인으로서 이러한 기본적인 삶의 전제조건을 갖추지 못하고 있다면 예수님의 제자가 되는 것은 불가능하다. 그들에게 기독교적 삶을 기대하는 것은 공상이며, 그것을 요구하는 것은 사랑이 아니고 율법적이다. 그리스도인에게는 그리스도인다운 삶이 기대되고 요구된다. 만약 누군가가 이것을 앞서 언급한 '이중 잣대'라고 한다면 그렇게 말하라고 하라. 그러나 이것이야말로 그리스도인들의 자기 신앙에 대한 진지하고도 유일한 입장이며 모든 행위의 기본 조건이다. 그러므로 오늘날 병역을 거부하는 사람에게 16세기의 아나뱁티스트와 2세기의 그리스도인에게 했던 것처럼 계속해서 비난하는 것은 논리적 오류를 범하는 것이다.

"만약 모두가 당신처럼 행동한다면, 국가 자체는 몰락할 것이다." 현대인들이 당연히 이렇게 생각할 수 있겠지만, 모든 사람이 그리스도인처럼 행동할 수 있다는 가정은 기독교 신앙에 부합하지도 않고 현실적이지도 않다는 논리적 잘못을 범하고 있다. 실제로 사람들은 모두가 다르지 않은가? 모든 사람에게 그들의 신앙 유무에 상관없이 같은 것을 요구하는 것이야말로 부정의(不正義)의 극치를 달리는 것이다.

7. 마지막으로, 그동안 교회의 상황이 바뀔 수밖에 없었다는 주

장은 오늘날 일반적인 투표권과 국가운영 방식으로서의 민주주의와도 관련 있다. 그리스도인을 포함해서 모든 시민들은 선거할 권리가 있으며 그에 따른 유익을 얻을 수 있다는 것은 결국 모든 사람에게 국가에 대한 책임이 있다는 의미다. 국가는 사람들에게 선거에 참여할지에 대해서 더 이상 묻지도 않는다. 국민이 국가이기 때문이다. 이런 생각은 일반 사람들의 생각에도 못 미친다. 민주주의 국가와 그렇지 않은 국가 간의 차이는 절대적이지 않고 상대적이다. 선거권이 없는 곳에서 사는 사람들이 국가의 지도자들에게 영향을 미칠 수 있는 방법이 전혀 없다는 말은 옳지 않으며, 반대로 선거권이 있는 사람이라 할지라도 항상 국가 지도자들에게 올바른 영향을 끼치고 있다는 것도 증명하기 어렵다. 이 이론에 따르면, 선거하는 자는 곧 국가다. 만일 그게 사실이라면 선거하는 자는 국가의 관리, 죄수, 군인들과는 아주 상이한 방식에서 국가를 대표한다고 할 수 있다. 시민들도 폭력을 규제할 수 있는 영향력을 (미약하나마) 끼칠 수는 있다고 하지만, 그들이 직접 폭력을 집행하는 사람은 아니다. 이 차이를 간과해서는 안 된다. 이 이론에 따르면, 설득력 없는 이상한 추론이지만, 사도 바울도 로마라는 국가였다. 설령 이 논리가 설득력이 있다고 해도 실제로는 투표하는 사람들이 다수의 의견을 따라 투표할 때만 적용될 수 있을 것이다. 대다수의 결정에 분명히 반대해서 투표한 사람에게 자기 투표권에 따른 결정에 대한 책임이 있다고 말하기는 어렵다.

이러한 비평들이 있기에 우리는 어떤 완전히 새로운 국가이론 차원의 통찰을 제시하길 원치 않는다. 다만 지금까지 상황이 많이 변했기 때문에 신약성경의 가르침은 오늘날 대수롭지 않고, 따라서 그대로 적용하는 것이 부적절하다는 주장이 정당화될 수 없음은 분명하다. 그리스도인들이 신약성경의 가르침을 믿음과 삶의 다른 영역에서는 규범으로 받아들이면서도 유독 국가와 관련해서는 그 교훈을 규범으로 따르지 않아도 된다는 주장은 아무런 근거가 없다. 모든 문명의 진보와 현재까지의 여러 가지 상황변화에도 불구하고, 지금까지 우리가 신약성경을 고찰하고 내린 결론은 신약성경의 가르침은 예나 지금이나 변함없이 유효하다는 사실이다.(다시 말해서 국가의 강제적인 폭력 사용이 불가피하더라도 그것은 그리스도인이 아닌 이교도에게 허락된 기능일 뿐이다.)

몇 가지 논제들

우리가 마지막으로 중요하게 다룰 문제는 다음과 같다. 만약 오늘날의 그리스도인들이 신약성경(그리고 아나뱁티스트 신앙)의 기본 관점을 시대에 뒤처진 것으로 생각하지 않고, 오히려 그것을 진지하게 받아들이고 실천에 옮긴다면 어떤 모습일까? 우리는 각자 처한 상황에서 그리스도를 따르는 제자로서의 삶을 분별하는 데 도움을 주는 몇 가지 지침을 지금까지 고찰한 내용으로부터 얻을 수 있다.

1. 우리는 '모든 것을 일률적으로 똑같이' 생각하는 사고방식으로부터 자신을 보호할 수 있다. 문제는 국가에 대해 우리의 책임 유무가 아니라, 우리가 그 책임을 어떻게 다할 것인가라는 것이다. 우리의 선거권 행사 여부, 또는 군인이 되는 문제가 다 같다고 말할 수 없다. 메노나이트 농부가 자신의 의사와는 상관없이 사람들의 투표에 따라 시장(市長)에 선출된 것(때때로 벌어지는 일이기도 함)과 어떤 사람이 고위 관료가 되고 싶은 마음에서 욕심을 부리는 것을 결코 "모두 똑같다."고 말할 수 없다. 우리는 학교, 사회 프로그램, 삼림, 운송 또는 세금 같은 국가 기능에 관련된 영역에 참여할 때도 좀 다르게 볼 수 있다. 그리스도인들이 국가의 어느 영역에 잘 참여하고 있다고 해서 그들이 다른 모든 영역에서도 동일하게 참여하는 것을 의무적이거나 당연하다고 말할 수는 없다.

2. 우리는 특히 폭력을 사용하는 것에 대해서는, 국가에 대한 신약성경의 가르침이 여전히 유효하다고 생각한다. 국가의 다른 서비스 영역에서도 그것이 국가의 폭력 사용과 어떤 관련이 있느냐에 따라서 그 정당성을 평가받을 수 있을 것이다.

3. 우리는 그리스도인의 정치적인 책임이라는 것이 신약성경의 교회의 입장과 마찬가지로 어떤 특정한 상황에서는 국가의 요구라도 거부할 수 있는 것이라고 생각한다. 다시 말해서 전체주의 국가처럼 하나님께서 국가에게 주신 명령이 지켜지지 않고 그 경계선을 넘었다거나, 또는 군대처럼 국가의 책임이 그리스도인의 책임과는 다를 수 있는 상황에서는 그리스도인의 제자도로서의 정치적 책임은 국가가 요구하는 삶을 거부하는 것이라는 것을 기억해야 할 것이다.

4. 우리는 학교의 역사 교과서를 다 믿지는 말아야 한다. 인간의 모든 역사는 국가들만의 역사로 구성된 것이 아니다. 하나님께서 통치하시는 세상의 중심에는 국가가 아니라 그리스도인의 교회가 있음을 말하는 것은 우리의 신앙고백일 뿐 아니라 역사적인 사실이기도 하다. 그리스도인들이 학교와 병원을 세우고 정직과 노동 윤리 등을 가르친 것은 기독교의 업적이 아닐 수 없다. 이런 것

들은 국가로부터 창출된 것이 아니다. 중세 시대의 교회가 학교와 병원을 발전시켰듯이, 오늘날의 기독교 교회는 국가가 미처 생각지 못했거나 관심이 부족해서 수행하지 못하는 일들(예를 들면 자원봉사, 비폭력적 갈등 해결, 정신 질환에 대한 인도적인 처우 등)에 대해서 교회 사역의 일환으로서 선구자적인 길을 갈 수 있어야 한다. 만약에 그리스도인들에게 일반적인 사회 복지(국가에만 의존할 수 없는)에 대한 책임이 있다면 그것은 '빛 가운데로 불러내신' 하나님의 덕을 선포하는 그리스도인의 교회에게 주신 명령과도 일치하는 사실이다. 사실 국가에 대한 봉사와 일반적인 복지에 관한 한 교회는 그리스도인의 됨됨이를 잘 실천하고 복된 소식을 선포하고 모범적인 공동체적 삶을 살고 모든 사람을 위해 기도할 때, 국가를 위해 가장 효과적이면서도 본질적인, 다른 방식과는 대체될 수 없는 방식으로 봉사하는 것이다. 그리스도인들이 국가에 봉사하는 것을 우선이라고 생각해서 그리스도인으로서의 삶의 소명을 망각하는 것은 연주를 하던 음악가가 입장하는 사람들을 안내하기 위해 무대를 떠나는 것과도 같은 이치다. 물론 음악회에서는 안내인이 없으면 안 된다. 그렇다고 해서 음악가는 자신의 고유한 역할을 다른 것과 바꿀 수 없다. 음악가는 그 누구도 대신할 수 없는 역할을 수행할 때 가장 가치 있다는 사실을 알아야만 한다. 만약 음악가가 무대 위에 없다면, 그래서 연주가 없다면, 안내인의 역할은 아무런 의미가 없다.

5. 국가는 질서를 유지하기 위해 존재한다. 동서양을 막론하고 국가가 자신의 더 높은 사명을 열망하고 준(準)종교적 역할을 하거나 세계 역사를 통제하려고 하면 할수록, 그리스도인들은 국가가 하는 일에 대해 의심하게 될 것이다.

6. 우리는 인간의 자율성도 포기하라는 국가의 무조건적인 명령에 굴복하지 않을 것이다. 우리는 다른 시민과 마찬가지로 정부 관료들에게도 이렇게 말할 것이다. 사람들로 하여금 책임 있는 결정을 요구한다면 그들을 그저 톱니바퀴의 톱니로만 보지 말고 톱니바퀴 장치에 저항할 수 있는 자유를 가진 인격체로 대우해야 한다고 말이다.

7. 그리스도인들의 책임 있는 행동은 정부의 입장에서 공공의 선을 위해 일할 때 그것이 비기독교적인 일일 경우 자유롭게 거부하느냐에 따라 결정된다.

8. 우리는 이렇게 묻지 않을 것이다. "그리스도인에게 이러저러한 행동은 금지되지 않았던가?" 국가와는 대조적으로 참 자유

를 경험한 그리스도인들에게 그것은 율법적인 자세가 아닐 수 없다. 사도 바울은 "'모든 것이 다 허용된다'고 사람들은 말하지만 모든 것이 다 유익한 것은 아닙니다."(고전 10:23, 표준새번역)라고 말했다. 그리스도인들이 신약성경과 재세례신앙적 관점에서 자기에게 주어진 명령을 따른다면, 하지 말아야 할 것을 결정하려고 하기보다는 어떻게 하면 다른 지체들을 잘 섬길 수 있는지 최선을 다해 노력해야 할 것이다. 그리스도인들은 그러한 섬김을 실천하기 위해 최고의 자유와 책임을 누릴 수 있는 직업과 소명을 추구할 것이다.

9. 우리는 콘스탄티누스 이후로 세상(주로 서구세계) 사람들이 모두 그리스도인들이라는 것을 믿지 않는다. 세상에는 그리스도를 따르는 기본적인 전제 조건도 모르는 채 살아가는 사람들이 많다. 그들은 국가의 명령을 완벽하게 소화해낼 능력이 있을 뿐 아니라 국가의 어떠한 요구에도 아주 열정적으로 봉사하기를 소망한다. 만일 그러한 사람들이 존재하지 않는다고 말하거나, 그리스도인들이 병역을 포함하는 국가의 모든 영역에 도움을 주지 않으면 우리 사회가 황폐해질 것이라고 말하는 것은 정말 무책임한 발언이다. 이것이 이치에 맞지 않다는 것은 이미 음악가와 안내인의 이야기에

서 설명했다.

10. 이러한 고찰을 토대로 스스로를 의롭다고 여기는 것과 자신의 경건을 자랑하는 것, 그리고 세상이 몰락하도록 내버려두는 것은 그리스도인에게는 정당화될 수 없다. 오히려 정반대다! 만약 우리가 여기서 제안했듯이 성경 속에서, 그리고 세상을 위한 가장 고귀하고 대신할 수 없는 교회의 사명에 관한 신약성경의 교훈을 진지하게 받아들인다면, 우리 그리스도인들은 과연 이전에는 그 누구도 상상조차 못 했던 '사람들을 비추는 빛'이 될 것이다. 우리가 증거하는 내용, 사랑의 섬김, 세상과 구별된, 그리고 세상을 위한 우리의 희생적 헌신이 바로 우리가 누구의 제자인지를 드러내는 최고의 척도다. 신약성경의 관점은 오늘날의 교회에 그렇게 위안적이지도 않고 영예를 주지도 않는다. 도리어 그것은 메노나이트인 우리에게, 특별히 선조들의 신앙을 물려받은 사람으로 비치기를 원하는 우리 메노나이트에게는 심판의 메시지이며 회개하라는 요청이고 갱신하라는 도전이다.

합리주의적이고 비기독교적[10]인 생각에 익숙한 우리 현대인들에게 국가에 대한 신약성경의 가르침을 오늘날에도 이해하고 복종하라는 것은 너무 지나치고 거만하고 불쾌하게 들릴 수도 있다. 그러나 예수 그리스도의 교회와 성경에 입각한 교회의 입장은 대부분의 독자와는 달리 필자에게는 자연스런 감성으로 더 이상 불쾌하거나 낯설지가 않다. 그보다는 현재의 기독교 국가들과 서양의 기독교가 위기에 처한 이유가 오늘날 아나뱁티스트 신앙의 후손들로서 우리도 중세시대만큼이나 교구 교회들이 했던 것처럼 거북하게만 들리는 구원의 복음을 받아들이지 않았기 때문이라고는 생각하지 않는가? 십자가의 메시지는 권력을 추구하는 자들에게는 항상 수치스럽게 작용했으며, 지혜를 얻고자 하는 자들에게는 어리석음을 가져다주었다. "그러나 부르심을 받은 사람에게는, … 하나님의 능력이요, 하나님의 지혜입니다."(고전 1:24, 표준새번역) 만약 우리가 하나님의 능력과 지혜를 믿고자 한다면, 국가에 관한 신약성경의 가르침을 율법주의로 되돌아간다거나, 세상으로부터 도피하는 경건주의 또는 무책임한 무정부주의를 지지하는 것이라고 보아서는 안 된다. 오히려 우리는 복음을 그리스도 안에서 자유롭게 하고, 권위 있으며, 하나님의 복된 새로운 소식으로 인식해야 한다. "하나님의 어리석음이 사람의 지혜보다 더 지혜롭고, 하나님의 약함이 사람의 강함보다 더 강하기 때문입니다."(고전 1:25, 표준새번역)

Ⅱ
예수 그리스도의 제자들의
정치적 책임

문제

1950년경 독일이 국가 차원에서 재무장하면서 (군사적 행동에 대한 그리스도인의 입장에 대해) 오랜 질문이 새롭게 표면화되기 시작했다. 이에 대해 개신교의 서로 다른 두 입장이 아주 빠르게 자리 잡았다. 독일의 개신교 입장에 대해서 누구나 예상할 수 있듯이 이 두 가지 서로 다른 답변은 모두 종교개혁 당시의 답변을 해석한 것에 기초를 두었다.

첫 번째 입장은 핵 평화주의자들 중의 한 집단이 견지한 것으로서, 사회윤리의 기초를 삶의 순간마다 반드시 따라야 하는 중요한 '시대적 명령'이라고 여긴 것이다. 사회윤리는 각각의 상황 속에서 선지자적 통찰과 양심에 따라 결정된다. 이렇게 '상황'을 참작하는 이유는 하나님의 영존하는 말씀에 대한 종교개혁적인 개념과 그로 인한 변함없는 비인격적인 '원칙'에 대한 두려움 때문이다. 여기서 양심은 법적인 위치를 차지하지만 어느 누구에게도 책임을 지우지는 않는다. 양심은 자유다. 이런 식으로 많은 그리스도인들이 일종의 '실천적 평화주의'(practical pacifism)를 추구하는데, 이는 보편적 판단에 따른 것이 아니라 핵시대에 무기는 더 이상 허용되지 않는다는 것이 시대적 요청이기 때문이다. 하지만 그것이 어떤 '양심'(상황을 통해 명확한 음성을 들을 수 있다는 주장)을 의미하는지에 대해서는 더 이상 설명을 못 하고 있다.

두 번째 입장은 오늘날에도 루터의 사회윤리가 유효하다는 주장이다. (이 주장은 다음과 같이 말한다.) 16세기의 '전쟁'과 현재 우리가 전쟁을 위해 무장한다는 것은 본질적으로 같은 개념이다. 당시 루터가 말한 '정부 관료'[11]와 오늘날의 행정 국가 사이에는 별 차이점이 없다. 그러므로 우리는 그 당시에 했던 주장을 그저 되풀

이하면 된다.

16세기 당시의 평범한 시민들은 국가의 명령에 복종해야만 했고 전쟁의 정당성 여부를 판단할 수 있는 능력이 본인들에게 있는지조차 상상할 권리가 없었다. 마찬가지로 오늘날 우리는 정치문제는 정치가들에 맡겨야 한다고 생각한다. 군복무를 하는 사람들은 그것을 하나님의 명령으로 알고 따른다.

이 두 그룹을 대표하는 사람들이 서로 오랫동안 이야기해 왔기에 이제는 다들 지쳐 있는 상태다. 사실 상대방의 입장에는 귀 기울이지 않았다. 그리고 양쪽 모두 16세기에 입각해서 펼친 자기주장은 (내가 보기에 시대착오적이어서) 별로 명료하지도 않았다. 그렇다고 오늘날 이에 대한 대화가 있었던 것도 아니고 하나님의 명령을 확고하게 선포하지도 않았다. 이런 과정을 따르는 이상 어느 누구도 진전이 없다. 16세기의 예를 통해서는 우리가 추구하는 바를 발견할 수 없다는 것이다. 16세기는 이러한 문제를 만족스럽게 해결하지 못했다. 도리어 문제를 일으켰다. 그런 점에서 우리는 이 문제에 대한 해답을 신약성경의 가르침에서 찾기를 원한다. 우리의 목적은 어떤 새로운 통찰을 제시하려는 것이 아니다. 우리는 다만 문제를 파악하기 위해 지금까지 잘 알려진 기본이념에 대해 새로운 방법으로 질문하면서 자세히 알아보려고 할 따름이다.

인간이 하나님에 대해서 어떤 방식으로든 반응한다는 것은, 그것이 특별히 기독교적 관점인 것은 아니더라도, 이미 구약성경을 통해서 잘 알려진 바다. 인간이 '하나님의 형상으로' 창조되었다는 주장은 (사람들이 이해하는 바와 같이) 적어도 인간의 존재와 행위가 하나님의 존재와 상응한다는 것을 의미한다. 인간이 하나님의 형상으로 창조된 존재라는 사실은 논쟁거리가 된 적이 없다. 그것을 설교하거나 강요한 적도 없다. 다만 전제로 하고 있을 뿐이다. 하나님께서는 창조 후에 당신이 안식하신 것에 근거해서 사람들에게 안식일에 대한 계명을 주셨다.(출 20장) 또한 애굽에서 종살이했던 이스라엘인들을 출애굽시킨(출 3장) 하나님의 자비하심은 인간들이 하나님에 대해 반응했기 때문에 가능했다. "내가 거룩하니 너희도 거룩하라"(레 11:44)는 명령은 먼저 윤리적 계명이라기보다는 종교적인 명령이었을 것이다. 그럼에도 불구하고 "하나님을 따르라"(following God)는 전통은 바로 이 명령과 관련 있으며, 또한 예언자적 전통과 유대교를 통해 마르틴 부버(Martin Buber)에 이르기까지 그 연관성이 있다.

구약성경의 근본적인 개념이 신약성경에서 이루어진 것이 있다면 그것은 성령의 부으심이었다. 또한 '하나님의 자녀', '그리스도의 형상으로 변화된', '부활에 참여함', '그리스도 안에서' 같은 표현은 하나님과 그리스도에 대한 사람들의 새로운 관계를 묘사한 것으로서, 그리스도인이 그리스도와 달라서는 안 된다는 것과 그리스도와 다른 행동을 해서는 안 된다는 것을 분명히 가르쳐준다. 우리는 그리스도를 따를 때 다른 문제와 마찬가지지만 그리스도께서 악을 어떻게 대하셨는가를 염두에 두고 그분을 따라야 하며 또한 그것을 스스로 입증할 수 있어야 한다. 이는 맥그레거(G. McGregor)가 제시한 관점이기도 하다.[주석 1] 그러나 사실 이런 기본적인 주장을 하고 있는데도 불구하고 사람들은 이를 교훈으로만 받아들이지 현실적으로는 다루지 않는다. 그것은 다만 우리의 필요가 무엇인지를 우리에게 알려줄 따름이다. 그리스도인들이 정치적인 일에 대해서는 일관성이 없고 신앙적이지도 않은 이유가 바로 여기에 있다. 대다수의 신학자들도 이 주장에는 일반적으로 동의하지만 정치적인 문제까지 도전하는 행위는 허용하지 않는다. 하나님이 악행을 하는 사람들도 사랑하는 것처럼 우리도 그들을 사랑해야 한다. 그런데 그것은 가족 관계나 다른 삶의 영역에서는 가능하지만, 국가의 영역에서만큼은 인정되지 않고 있다. 바로 이것이 우리가 제자도에 대해서 말은 많이 하지만 충분하지 않은 이유다. 그보다는 질문을 좀 더 까다롭게 하지 않으면 안 된다. 그리스도인은 과연 예수님을 따르라는 명령을 정치적 영역에서도 적용할 수 있는가?

만약 "아니요!"라고 대답하면 염려하지 않을 수 없다. 30여 년 생애를 사신 예수 그리스도께서 우리의 기준이 될 수 없다고 주장한다면, 다른 기준이 있어야 할 것이다. 그러나 다른 기준이라는 게 도대체 무엇을 의미하는가? 헬무트 골비처(Helmut Gollwitzer)에게는 상황에 따르는 것이 그 다른 기준이라는 것이다. 그런데 매 상황을 각자 주관적으로 해석한다면 그 판단 기준이 과연 무엇인지에 대해서는 알 방법이 없다.

퀸네스(Kuinneth) 교수에 따르면 이러한 원칙이 창조의 질서 속에 내재되어 있다고 했지만, 그렇다면 우리에겐 다음 두 가지 의문이 생긴다. 첫째, 창조의 질서라는 것은 하나님의 순수한 선한 창조물만을 가리키는 것인가? (그렇다면 어떻게 우리에게 사람을 죽일 수 있는 권리를 부여하는가?) 아니면 타락한 피조세계를 의미하는가? 아니면 이것도 저것도 아닌가? 둘째, 과연 우리가 신뢰하고 분명히 인지하는 원칙은 무엇인가?

라인홀드 니버(Reinhold Niebuhr)는, 인간 예수님은 참된 선지

자적 정신을 가지신 분으로서 어떤 사회윤리를 제공하려는 의도
가 전혀 없었기 때문에 그 가르침은 우리의 생활윤리에 적합하지
않다고 단언했다. 그 결과 우리의 국가적 삶의 기준은 그리스·로
마식의 전통에서 비롯된 이교도의 정의 개념에 따라 결정된다고
했다.

니버는 그리스도의 윤리적 가르침을 현실적으로 적용할 수 없
다고 주장함으로써 비기독교적인[12] 특징을 수용한 것에 대해 사
람들로부터 상당한 인정을 받았다. 만약 우리가 예수 그리스도의
가르침이 아닌 다른 지침을 그리스도와 같은 선상에서 받아들인
다면 그것이야말로 참으로 비기독교적인[13] 것이 아닐 수 없다. 이
쯤 되면 쟁점은 평화주의가 아니다. 그것은 "예수 그리스도를 구
세주로 고백하는가?"라는 기본적인 질문이다. 우리는 예수 그리
스도를 구세주로 고백함에 있어 다른 영역에서는 다 괜찮은데 사
회윤리의 문제, 특히 국가와 관련한 문제에서는 바람직하지 않다
고 할 것인가? 팔레스타인 사람이었던 나사렛 예수가 단지 (삶의
모범을 제시하지 못하는) 하나님의 말씀에만 머물렀던 분이었단
말인가? 종교개혁으로 인해 교회의 교부라고도 불렸던 루터는 말
할 것도 없이 골비처와 퀸네스 역시 삶의 모든 영역에서 그리스

도를 주님으로 인정하는 것에 대해서는 니버만큼이나 태연하게 시인하지 않았을 것이다. 그러나 과연 그들이 예수 그리스도의 가르침이 아닌 '양심'과 '질서'라는 다른 대체 수단을 사용함으로써 보여준 삶의 기준은 무엇인가? 그들 각자는 광신적이지 않으면서도 상대편의 입장에 동의하지 않았지만, 그렇다고 만족할 만한 대안도 제시하지 못했다.

우리의 관심은 이렇게 다른 접근 방법이 왜 맞지 않는지 규명하는 데 있지 않다. 그보다는 제자도의 관점에서 생각할 준비가 되지 않은 사람이 누구인가를 주시하는 것이다. 반석이신 그리스도 위에 서 있지 않은 사람은 더 이상 말할 게 없다. 어떤 이는 질서의 철학을 선택하고, 어떤 이는 양심의 철학을 선택하고, 또 어떤 이는 필요하면 협상하는 타협의 철학을 선택한다. 그렇지만 어느 누구도 다른 사람을 납득시키지 못하고 있다.

예수 그리스도의 정치적 실존

지금까지 진술했던 개신교의 국가신학이란 논제에 대한 비판이 좀 더 분명했으면 좋았을 것이다. 우리는 하나님의 뜻이 예수 그리스도를 통해서 계시되었다는 신약성경의 관점을 배웠지만 국가 문제에 관해서는 왜 적용되지 않는지에 대해서는 이해하지 못하고 있다. 우리는 하나님의 뜻을 그리스도를 향한 모든 역사적 학설에서 찾는 것이 아니라 우리가 하나님의 진정한 아들이라고 고백하는 나사렛 예수를 통해서 발견한다.

그 의미는 이렇다. 하나님의 뜻이 예수 그리스도를 통해서 계시된 이유는 단지 예수님이 하나님의 창조 사역에 로고스(말씀)로 참여하셨기 때문만이 아니고, 곤궁한 세상에 친히 육신으로 오셨기 때문만도 아니며, 그분의 죽음으로 말미암은 칭의(稱義)가 우리를 행위로부터 자유롭게 했기 때문만도 아니며, 또한 부활이 우리에게 삶의 확신을 주는 것이기 때문만도 아니며, 그리스도께서 승천(昇天)하심으로써 세상의 주가 되셨기 때문만도 아니다.

이러한 기본적인 신앙고백에도 불구하고 그 어느 것도 그리스도의 가르침을 국가와 관련된 일에 적용해야 하는 문제를 푸는 데는 아무런 도움을 주지 못한다. 이렇게 온당하면서도 유용하지만 추상적인 개념들은 우리가 정작 세상에서 어떻게 행동해야 하는지에 대해서는 말해주지 않는다. 그것은 전부 일반적으로 잘 알려진 사실로서 예수 그리스도의 역사성에 이미 포함된 이야기다.

그리스도인의 정치적인 책임에 대해 우리는 산상수훈 같은 말씀을 배워야만 한다. 예수님의 산상설교를 통한 가르침은 그런 추상적 개념보다 훨씬 더 구체적이다. 예수님은 산상수훈의 말씀을 통해 아주 명확하게 말씀하셨다. 신자들은 각자의 삶 속에서 어떻게 살아야 하는지를 산상수훈의 말씀을 통해 명확히 배웠다. 그런데도 불구하고 사람들은 산상수훈의 가르침이 의도하는 바에 대해서는 여전히 논쟁을 벌이는 것 같다. 앞서 언급한 질서를 중시하는 신학자들과 양심의 논리에 입각한 신학자들의 산상수훈 말씀에 대한 견해는 상당히 다르다. 그러므로 우리는 논제를 공식화하고 좀 더 명확하게 역사적 관점에서 다루고자 한다.

정치적인 문제까지도 직면하기 위해 인간으로 오신 예수님의 정치적 존재방식은 하나님의 명령이 이 땅의 정치 영역에서조차도 이루어질 것을 반영한 계시적 사건이었다.

그렇다면 우선 다음과 같은 질문을 해볼 수 있다. 예수님은 과연 전적으로 정치적인 인물이었는가? 이에 대한 오늘날의 관점들은 분명히 아니라고 대답한다. 예수님이 살았던 시대의 상황은 우리와 완전히 다르다는 것이다. 그가 활동했던 작은 지역인 갈릴리에서는 오늘 우리가 부딪히는 문제들이 존재하지 않았다. 그러나 신약성경의 주석학자들은 이와는 확연한 반대의 견해를 제시한다. (그리고 신약학자가 아닌 사람이라도 "당시의 갈릴리가 오늘날 저항이 심한 식민지 지역과 유사하지 않았는가?"라고 분명히 의문을 제기할 것이다.) 잘 알려진 신약학자인 다드(C. H. Dodd)의 관점에 따르면, 예수님은 오늘날 우리가 직면하는 모든 정치적 사안들을 직면하셨다고 한다. 그러므로 예수님을 정치적 차원에서 이해하는 것이 필요하다.^(주석 2)

예수님이 세례 받으신 후에 사탄에게 당한 시험을 통해 우리는 그분의 사역의 의미와 방향에 대해 의문을 품게 된다. 사탄이 예수님께 세상의 통치권을 제안(마태복음에는 세 번째 유혹)했을 때만이 정치적 의미의 유혹은 아니었다. 사탄이 예수님더러 성전 꼭대기에서 뛰어내리라고 말했을 때, 단지 재주를 부리는 곡예사의 공연 같은 것을 기대했던 것이 아니다. 그보다는 예수님께서 하늘로부터 성전 뜰로 돌진해서 내려오는 모습을 상상해야 할 것이다.

"또 너희의 구하는바 주가 홀연히 그 전에 임하리니."(말 3:1) 이는 사람들이 기대하는 메시아가 자신을 갑자기 드러내는 가장 확실한 방법이었을 것이다. 또한 사탄이 예수님께 돌[石]로 빵을 만들어보라고 유혹했을 때, 그것이 단지 예수님의 개인적인 굶주림만을 해결하라는 유혹이었을까? 의문을 품지 않을 수 없다. 이 점에서 우리는 의미 있는 가상 질문을 해볼 수 있다. 사탄의 이러한 유혹은 예수님으로 하여금 사람들에게 먹을 것을 공급해줌으로써 다가올 하나님 나라의 길을 여는 좋은 방법이 아니었을까? 그렇다면 예수님께서 공적 사역 기간에 행하셨던 빵의 기적[*역주 3]에 대해 모리스 고구엘(Maurice Goguel)이 '갈릴리의 위기'라고 말했던 것처럼 그 기적이 뜻하는 바를 처음부터 '아주 명료하게 설명해줄 수도 있지 않았을까? 빵의 기적은 예수님의 갈릴리 사역의 절정이자 반전(反轉)을 의미하기도 한다.

예수님의 기적과 가르침의 사역은 오병이어의 기적에서 그 절정에 도달했다. 예수님을 따라 다니던 사람들이 갈수록 증가하면서 그들은 결정적인 순간이 다가왔다고 믿었고 예수님을 자신들의 왕, 다시 말해 반란의 지도자로 삼기 원했다. 어찌 됐든 이제는 예수님께서 사탄이 제안했던 방식으로 빵을 만든 셈이고 그 기적을 경험한 사람들은 예수님을 정치적인 지도자로 삼고자 했다. 이제

---

* 역주 3) '오병이어 기적'을 말한다.

예수님은 그런 방식으로도 이스라엘의 나라를 다시 회복할 수도 있었을 것이다. 그러나 예수님은 바로 앞에 놓인 유혹의 길을 걷지 않았다. 오히려 다른 곳으로 물러나서 그 순간부터 소수의 제자 그룹에 전적으로 헌신했다. 그리고 예수님은 변화산에서 자신의 영광을 처음으로 계시했다. 바로 그 순간부터 예수님은 제자들에게 고난과 죽음을 설명했다. 좀 더 정확히 말해서 "예수님은 그의 얼굴을 예루살렘으로 향하셨다."

이렇게 최후의 결단을 내린 한 주간은 거대한 규모의 정치 시위로 시작했다. 예루살렘으로 개선 행진하듯 승리의 입성을 시작하셨다. 오늘날 교회는 이 날을 종려 주일(Palm Sunday)로 기념한다. 이 사건을 통해 우리 주님의 정치적 입장의 독특성은 더욱 가시적으로 드러났다. 한편으로 예수님은 여전히 정치적인 유혹을 받고 계셨다. 군중들은 그를 다시 오실 다윗의 아들로 환영하고 있었다. 예수님은 오직 메시아만이 가질 수 있는 권위를 갖고 성전에 나타나셨다. 그런 예수님께서 아무런 무기를 갖고 있지 않았는데도 불구하고 (성전 경비대와 로마 수비대가 예수님의 채찍을 무기로 간주했다고는 믿기 어렵다.) 사람들은 그런 예수님 앞에서 어떠한 설명할 수 없는 두려움에 사로잡혀 있었다. 이제 바야흐로 때가 도

래하였다. "너희의 구하는바 주가 홀연히 그 전에 임하리니……. 그가 레위 자손을 깨끗케 하되"(말 3:1, 3).

그런데도 불구하고 이 기회 앞에서 예수님은 예전과 마찬가지로 행동할 것을 결심한다. 그는 당시 유대인의 통념에 따르면 결코 왕의 위엄에는 어울리지 않는 동물인 나귀에 올라타셨다. 예수님은 당신의 자녀들을 모으지 못하게 한 예루살렘을 향해 눈물을 흘리셨다. 완전히 무르익은 정치적 쿠데타를 일으키기에 알맞은 상황이 벌어지고 있는 성전에서 그는 기회를 흘려보내고 베다니로 물러나셨다.^(주석 3) 예수님의 이러한 행동에 열심당과 군중들이 실망했을 만도 하다. 그들은 곧 열심당 지도자인 바라바를 대신 풀어달라고까지 했다.

그러나 이것으로 정치적 유혹의 마침표가 찍힌 것이 아니다. 그 유혹의 한밤중에 예수님은 이렇게 기도하셨다. "하실 수만 있으시면, 이 잔을 내게서 지나가게 해주십시오."(마 26:39, 표준새번역) 잔이 지나가게 해달라는 소원이 예수님에게는 어떤 의미가 있었을까? 무엇이 십자가의 길을 가지 않아도 되게 할 수 있었을까? 대부분의 '교훈적인 주석'에는 이런 식의 질문이 나오지 않는다. 그러나 이 대목을 정치적인 의미로 해석한 '주석'인 경우 이것은 매우 핵심적인 질문이다. 예수님께서 어떻게 하면 십자가의 길을 피하실 수 있었을까? 바로 이 시점에 예수님께서 생각하셨을 다른 대안적 행동에 대해서 우리는 알지 못한다. 그렇지만 그것이 거룩한 전쟁(holy war)을 불러일으킬 수도 있는 문제였을 것임은 충분히 짐작할 수 있다. 우리는 예수님이 하나님의 아들로서 천사들의 군단을 보내달라고 요청할 수도 있었다는 것과 베드로가 칼을 사용한 것이 정당 방어였다는 사실도 잘 알고 있다. 예수님을 배반한 유다가 예수님을 처음부터 넘겨줄 의도가 없었다는 추정은 (학자들에 따르면) 그리 새로운 사실이 아니다. 오히려 유다는 생각하기를, 만약 예수님을 이런 식으로 압박해서라도 폭력을 사용하고 전쟁이라도 일으키게 한다면 예수님 자신도 구원할 뿐 아니라 결국 시카리(열심당)였던 유다가 생각하고 바라던 하나님 나라의 도래를 앞당길 수도 있지 않았을까?

우리는 예수님을 처음부터 끝까지 정치적 인물로 보고 있다. 예수님께서 설교하실 때 사용하신 단어 중에서 하나님의 '나라' 또는 '통치'라는 말보다 더 정치적인 색채가 농후한 말이 있는가? 뿐만 아니라 예수님의 실제 행동은 극도로 정치적이었다. 예수님께서 선택할 수 있던 것 중 하나는 열심당들을 동원하고 예수님 자신도 기적의 능력으로 폭력 혁명을 일으켜서 자신의 사역을 완수하실 수도 있었을 것이다. 그렇지만 그 방법이 결코 하나님의 뜻이 아니었기 때문에 예수님은 그런 선택을 거부했고, 그 때문에 십자가에 못 박히셨다. 십자가 위의 죄패(罪牌)에는 예수님께서 처형당하신 법적 근거가 표시되어 있었다. 그는 '유대인의 왕'이었다. 하나님 나라의 관점에서는 지극히 정치적이면서도 그 나라를 이루기 위해 정치적인 수단을 전혀 사용하지 않은 비정치적인 예수님께서는 사람들에게 정치적인 것이 항상 정부의 통치(governmental)를 의미하지 않음을 일깨워주셨지만 사람들은 (우리도 마찬가지로) 그런 예수님을 인정하지 않았고 예수님은 오늘날 우리가 죽는 것처럼 그렇게 돌아가셨다.

이 논의를 더 전개하기 전에 흔히 제기하는 반론을 언급하고자 한다. 사람들은 흔히 예수님께서 보이셨던 마지막 행동을 어차피 '죽어야 했던' 일이라면서 그분의 윤리적 가르침을 애써 무시하려고 한다. 무엇보다도 캔터베리(Canterbury)의 대주교였던 안셀무스(Anselm: 1033~1109)는 이 문제를 다음과 같은 방식으로 다루었다. 죄 없으시고, 인간의 몸으로 오신 거룩하신 하나님께서 세상을 구원하기 위해 죽어야만 했다. 만약 예수님께서 왕관을 원치 않았다면, (안셀무스에 따르면) 그것이 윤리적으로 올바른 선택이기 때문이 아니라 오로지 죽기 위해서 취한 행동이었다. 이에 대해 우리는 이렇게 반문하지 않을 수 없다. 그렇다면 예수님은 왜 그런 식으로만 죽어야 했는가? 인간으로 오신 하나님께서 단지 어떤 방식으로든 죽어야만 했다면, 훨씬 더 쉽게 죽을 수 있지 않았겠는가? 헤롯이 베들레헴의 유아들을 살해하려고 했을 때도 죽을 수 있었을 것이고, 아니면 여행하다가 교통사고로 죽는 것도 가능하지 않았겠는가? 그러나 문제는 그렇게 간단하지 않다.

만약 우리가 그리스도의 인간 실존의 정치적인 측면을 일소해 버린다면, 우리는 그리스도의 두 가지 본성(신성과 인성) 사이의 관계를 오해하게 되는 것이다. 만일 위에서 말한 바와 같이 예수님의 정치적인 결단을 인간으로서 내릴 수 있는 진정한 정치적 결정이었다고 보지 않는다면 우리는 그것을 예수님의 참된 인간성을 거부하는 가현설(docetism)이라고 부를 것이다. 한편, 예수님의 그런 결정을 현실적이고 참된 것으로 인정하지만 그것이 하나님의 뜻을 계시한 사건은 아니라고 생각하는 사람이 있다. 교의신학(dogmatic theology)에서는 이것을 그리스도의 참된 신성을 부정한다 해서 에비온주의(Ebionism)라고 부른다. 신약성경에 따르면,

예수님의 죽음은 몇몇 속죄론 주장처럼 형이상학적인 경험의 일종이 아니다. 오히려 그것은 예수님의 완벽한 윤리적 행위, 즉 그리스도의 순종의 정점이었다.(히 5:8 이하, 빌 2장)

그리스도인의 십자가, 제자들의 정치적 책임

신약성경의 일관된 가르침은 예수님께서 그리스도의 몸인 교회에 살아 계셔서 그 삶을 지속시키신다는 것이며, 그렇기 때문에 죄 없이 고난 받으신 예수님을 따르는 교회는 가시적일 수밖에 없다.

"누구든지 내게로 오는 사람은, 자기 아버지나 어머니나, 아내나 자식이나, 형제나 자매뿐만 아니라, 심지어 자기 목숨까지도 미워하지 않으면, 내 제자가 될 수 없다."(눅 14:26)

"내가 마시는 잔을 너희가 마시고, 내가 받는 세례를 너희가 받을 것이다."(막 10:39)

"세상이 너희를 미워하거든, 세상이 너희보다 먼저 나를 미워하였다는 것을 알아라……. 내가 너희에게, 종이 주인보다 높지 않다고 한 말을 기억하여라. 사람들이 나를 박해했으면 너희도 박해

할 것이요."(요 15:18~20)

"우리는 언제나 예수님의 죽임 당하심을 우리 몸에 짊어지고 다닙니다. 그것은 예수님의 생명을, 우리 몸에 나타나게 하려고 하는 것입니다.(고후 4:10)

"내가 바라는 것은 그리스도를 알고, 그분의 부활 능력을 깨닫고, 그분의 고난에 동참하여 그분의 죽으심을 본받는 것입니다."(빌 3:10)

"이제 나는 여러분을 위해 고난 받는 것을 즐겁게 여기고 있으며, 그의 몸 곧 교회를 위해 내 육신으로 그리스도의 남은 고난을 채워 가고 있습니다."(골 1:24)

바울은 자신에게 한 말이지만 이것은 오늘날 우리 교회에도 동일하게 적용되는 말씀이다.

"그리스도를 위해 너희에게 은혜를 주신 것은 다만 그를 믿을 뿐 아니라 또한 그를 위해 고난도 받게 하심이라. 너희 안에 이 마음을 품어라. 곧 그리스도 예수의 마음이니."(빌 1:29, 2:5)

"무릇 그리스도 예수님 안에서 경건하게 살고자 하는 자는 핍박을 받으리라."(딤후 3:12)

이것이 의미하는 바는 교회 자체가 예수님이 살고 있는 그분의 몸이듯이, 교회의 십자가는 그리스도의 십자가의 연속이라는 것이다.

"죄를 짓고 매를 맞으면서 참으면, 그것이 무슨 자랑이 되겠습니까? 그러나 선을 행하다가 고난을 당하면서 참으면, 그것은 하나님께서 보시기에 아름다운 일입니다. 바로 이것을 위해 여러분은 부르심을 받았습니다. 그리스도께서는 여러분을 위해 고난을 당하심으로써 여러분이 자기의 발자취를 따르게 하시려고 여러분에게 본을 남겨놓으셨습니다."(벧전 2:20~21)

"그리스도께서 우리를 위해 자기 목숨을 버리셨습니다. 이것으로 우리가 사랑을 알게 되었습니다. 그러므로 우리도 형제자매를 위해 목숨을 버리는 것이 마땅합니다."(요일 3:16)

"그리스도께서 사신 대로, 우리도 이 세상에서 그대로 살기 때문입니다."(요일 4:17)^(주석 4)

이것이 바로 초대교회의 핵심이었다. 그 누구도 묻지 않았고 그런 진술을 요구하지 않았는데도 초대교회는 그렇게 증언했다. 이는 특별히 바울이나 베드로, 요한만의 관점이 아니다. 그것은 초대교회 공통의 신앙고백이었다. 그리스도는 우리 안에 살아 계신다. "이제 사는 것은 내가 아닙니다. 그리스도께서 내 안에서 사시는 것입니다. 내가 지금 육신 안에서 사는 것은 나를 사랑하셔서 나를 대신하여 자기 몸을 내 주신 하나님의 아들을 믿는 믿음 안에서 사는 것입니다."(갈 2:20)

사람들이 보통 종교적인 언어로 그리스도인의 십자가, 교회의 십자가에 대해서 말하는 것은 아주 평범한 일이다. 이는 특히 목회적 돌봄에서도 자주 언급된다. 그러나 우리가 그리스도의 십자가를 매우 정치적인 경험이라고 입증한다면, 교회의 십자가 또한 새로운 관점으로 이해할 필요가 있다. 목사님들은 상담할 때 류머티즘으로 고생하는 사람들이나 시어머니와 사이좋게 지내지 못하는 사람들에게 도움을 주기 위해 십자가를 지는 삶의 의미를 설명할 때가 있다. 그러나 십자가를 지는 삶의 의미는 그런 것이 아니다. 적어도 그것이 일차적인 의미는 아니다.

예수님의 십자가는 질병, 폭풍, 또는 지진처럼 뜻밖에 찾아온 형언할 수 없는 아픔과 시련의 고통을 의미하는 것이 아니다. 우리가 질병과 사고로 인한 희생자들을 사랑해서, 그 사랑을 아무리 잘 표현한다 할지라도 예수님의 십자가는 그런 종류의 피할 수 없는 고난을 상징하는 것이 아니다. 예수님의 십자가는 예수님께서 충분히 피할 수도 있었으나 피하지 않은 (그래서 순종의 대가로 지불

한) 고난이었다. 그것은 타락한 세상 한가운데서 치른 예수님의 순종의 대가였다. 이는 우리 그리스도인들에게도 똑같이 적용된다. 초대교회는 로마제국[14]을 장악할 것인지의 여부를 결정할 위치에 있지 않았다. 그들은 핍박받는 소수였고, 그 소수 그대로 남아 있었다. 그런 관점에서 보니, 당시 국가에 대한 교회의 관계에서 교회의 입장은 기존의 국가 대 교회의 관계를 잘 유지하는 것만이 해결책이라고 설명하는 사람도 있다. 그러나 그건 그렇지 않다. 초대교회는 다른 선택의 여지가 없었고 십자가를 지는 고난의 삶을 불행하다거나 굳이 그렇게까지 살 필요는 없다고 생각한 적이 없었다. 오히려 고난을 정상적이고 마땅한, 하나님께서 국가와 교회에 주신 본질적 특성에 맞는 일로 간주했다. 우리가 국가에 대한 초대교회의 가르침을 마치 실망스러운 결과로 본다면 그것은 오해다. 그것은 그리스도와 그의 교회 사이의 본질적 관계를 망각한 것이다.

그러나 이제 우리는 이 모든 것에 대한 그런 심각한 오해를 불식시켜야만 한다. 예수님을 따르는 삶의 진정한 의미를 무엇보다도 예수님과 똑같이 되거나 예수님의 행동 하나하나를 그대로 따르는 명령으로 간주한다면 그것은 오해다. 예수님을 따른다는 의

미는 우리도 그분의 전인격적인 삶에 기꺼이 동참하는 것을 의미
한다. 그렇기 때문에 예수님을 따른다는 것을 독신으로 지내야 하
는 것으로 알거나, 또는 목수가 되거나 맨발로 걸어다니는 습관을
길러야 하는 것으로, 우스꽝스럽게 질문하는 사람들은 예수님을
따른다는 진정한 의미를 완전히 놓치는 것이다. 이것은 예수님의
행동 하나하나를 율법적으로 따라 해야 한다는 말이 아니고 그분
의 삶에 우리도 참여해야 한다는 것을 의미한다. 우리는 이미 그리
스도의 몸의 일부다. 우리가 그리스도의 몸이 되었다는 것은 그분
을 일일이 따라다녀서 된 것이 아니다. 예수님을 따르는 것은 그분
과의 교제의 결과이지 방법이 아니다. 그것은 우리 그리스도인의
자유로운 삶의 모습이지 새로운 율법이 아니다.

십자가와 칼의 분리

우리는 많은 신학자들이 예수님을 따른다는 개념을 그저 일반
적인 의미로만 받아들였지 정치적인 영역에 적용하면 안 되는 것
으로 알고 있다는 사실에 주목해 왔다. 그리고 우리는 신약성경의

타당성 범위를 그런 식으로 합리화해서는 안 된다는 것 또한 살펴보았다. 그런데도 불구하고 그런 신학자들이 스스로 정한 한계를 갖고 문제를 풀기 원한다는 사실을 알아야 할 필요가 있다. 우리는 국가로부터 무엇을 기대할 수 있는가? 국가로부터 십자가를 지는 삶을 기대할 수 있는가? 아니면, 국가가 그런 기준을 스스로 적용할 수도 없고 또 원하지도 않기 때문에 국가의 존재를 단순히 무시해 버려야 한다고 생각하는가? 사실 이 문제는 지금 우리가 다루는 주제와는 직접적으로는 관련이 없지만, 그래도 그 의미는 전체 맥락 속에 널리 퍼져 있다.

국가가 이교도적이라는 것은 신약성경의 시대에는 너무도 명백했다. 하나님은 여전히 그런 이교도적인 국가를 사용하실 수 있는 것인가? 만약 그리스도인이 국가의 정사에 관여하는 책임을 지지 않는다면, 국가는 하나님의 통제로부터 슬그머니 빠져나가게 되는 것 아닐까? 우리는 하나님께서 모든 나라의 일들을 직접 주관하신다는 구약성경의 증언을 잘 알고 있다. 아시리아의 사람들은 '하나님의 분노의 회초리'라고도 불렸다. 느부갓네살 왕에게는 '하나님의 종'이라는 칭호가 주어졌으며, 이스라엘은 그에게 항복하지 않으면 안 되었다. 고레스 황제는 심지어 '메시야'(참으로 끔찍한 말이다!), ‘나의 종’, ‘하나님이 사랑하시는 자’라고까지 불렸다. 이사야 45장은 하나님께서 유대인들이 이방인 왕을 그런 식으로 지칭하는 것을 싫어한 유대인들을 향해 하신 말씀이다. 신약성경의 가르침에 따르면 국가는 교회 밖에 있으면서도 동시에 그리스도의 통치 안에 있고, 이교도적이지만 하나님의 손 안에 있다는 것이 매우 분명하다. 국가와 교회는 모두 하나님께서 주관하시지만 그 방법은 매우 다르다. 국가는 믿음과는 상관없이 인간 활동을 대표하며 하나님께서 허락하신 칼을 통해서 그 일을 이루어 나가지만, 교회는 믿음으로 행동하는 인간 활동을 하나님께서 역사하시는 십자가를 통해서 이루어 나간다. 그리스도인은 하나님처럼 이 두 가지 일을 동시에 다 할 수는 없다. 국가가 교회를 위해 존재하지, 교회가 국가를 위해 존재하는 것은 아니다.

근대적 감성으로 보자면, 새 언약의 교회가 국가와 교회의 관계에 대해서 자신의 입장을 이 정도로 소중히 다루는 것이 주제넘고 건방져 보인다는 것은 충분히 이해한다. 이런 관점을 거부한 채, 역사의 의미는 단지 동·서양의 진보된 생활사의 연속이라고 계속해서 믿는 사람들이 있다면 그것은 얼마든지 자유다. 그러나 그런 사람들은 ‘그리스도의 삶’에 동참하고, “예수가 주님이시다.”라는 신약성경의 근본적인 사고방식을 저버리고 있다는 사실을 알 필요가 있다.

그리스도의 주되심(lordship; 主權)의 의미가 현대의 에큐메니컬 논의에서 얼마나 뒤바뀌어 왔는지, 참으로 놀라지 않을 수 없다. 신약시대 그리스도의 주되심의 의미는 아무리 이교도였던 국가라 할지라도 하나님의 통치 아래에 있음을 뜻했다. 그런데 오늘날의 그리스도인들은 정치적 지위를 포함해서 삶의 모든 영역에서 공적인 활동을 수행하라고 보내심을 받았지만 국가의 명령에 따른 의무를 최우선으로 여기고 있으니, 이는 신약성경의 가르침과는 정반대 현상이다.

전에는 그리스도의 주되심의 의미가 "왜 그리스도인은 예수님을 따르는 사람으로 살아가야 하고 국가를 기독교적으로 만들려고 노력해서는 안 되는가?"를 설명하는 데 사용되었다면, 이제는 그리스도인들이 정부에서 일하기 위해서 왜 그리스도인의 삶의 방식이 아닌 낯선 기준에 따라 살아야만 하는가를 설명하는 데 사용되고 있다. 이러한 반전(反轉)이 시사하는 바는 매우 크다. 서구 기독교가 아우구스티누스와 콘스탄티누스를 거슬러 올라가서 신약성경의 사상 세계에 대해 생각하거나 아니면 대양을 건너 비기독교 세계에서 일어나는 기독교적인 일들에 대해서 생각하는 것이 얼마나 어려웠으면, 아니 아예 그렇게 생각조차 안 했으니 상황이 이렇게까지 뒤바뀐 것이 아닌가?

그런데 우리에겐 아직도 초대교회가 국가에 대해 취한 입장처럼 오늘날 국가의 칼의 집행에 대해서도 새롭게 생각해 볼 수 있는 희망의 표시들이 있다. 최근의 많은 경험은 고전적인 루터주의가 규정하고 전제하는 것처럼 국가가 그저 기독교 국가사회 내에서 합리적이고 비관념적인 행정의 수단이 아니라는 점이 명백하게 입증되었다. 오히려 국가 자체는 하나의 종교가 되기를 소원한다. 이러한 욕구를 주장하는 '서구 기독교'에서는 다음과 같은 목소리를 듣게 된다. 교회는 국가의 방어 태세를 막을 수 없다. 그런데도 불구하고 교회는 그리스도인 개인이 병역에 참여하는 것을 죄라고 말해야만 한다. 이것이 옳은지는 여기서 다룰 문제는 아니다. 그러나 이것은 '신앙 안에' 있지 않은 국가를 바라보는 그리스도인의 사고방식이라는 점에서는 주목할 만하다.

오늘날의 제자도

우리가 지금까지 배운 신약성경의 가르침의 현대적 의미는 (한편으로는 믿음의 결정이요, 또 한편으로는 방법론적인 결정이기도 한) 그것을 오늘날 어떻게 적용해야 할지를 결정하는 데 달려 있다. 우리는 여기서 이 문제의 모든 측면을 다 설명할 수는 없을 것이다. 만약 우리가 성경의 증언을 하나님의 말씀으로 받아들이고 국가를 초월한 그리스도의 주권을 선포하면서도 동시에 칼을 사용하는 국가의 비기독교적[15] 특징을 인정한다면, 그것이 어떤 상황일지 실례를 들어서 설명한다는 것은 불가능하다. 우리는 여기서 고려할 수 있는 기본적인 결정 외에는 더 이상 설명하지 않겠다.

신약성경의 가르침을 오늘날의 현실에 적용할 수 없다는 두 가지 관점이 있다. 이 두 입장의 공통점은 모두 국가의 무력 사용을 더 이상 비신앙적이라고 보지 않는 것이다. 그렇지만 두 입장의 결론이 서로 다른 방향으로부터 접근했기에 이에 대한 논증을 동시에 전개한다는 것은 공정하지 않고 그럴 수도 없다.

첫 번째 입장은 지금까지 제시된 신약성경의 관점을 단순히 부인할 뿐 아니라 오히려 세례 요한이 군인들에게 들려준 말씀(눅

3:14)과 누가복음 14장 31절 말씀을 예로 들어 평화에 대한 신약성경의 관점을 거부한다.

두 번째 입장은 일단 우리가 주장하는 바와 같이 신약성경의 칼(무력 사용)에 대한 가르침을 인정하지만 더 나아가서는 그것이 잘못되었거나 더 이상 맞지 않는 이야기라고 주장한다. 그 이유는 이제까지 그리스도의 재림이 기대했던 것처럼 일어나지 않았고, 그래서 어쩔 수 없이 세상과 접촉할 수밖에 없다고 주장한다. 또한 세상이 콘스탄티누스나 기독교인 통치자들로 바뀌었기 때문에, 계몽주의와 민주주의 사회를 위한 각 개인의 책임과 변화 때문에, 세상이 불가피하게 변했고 그에 따른 칼의 역할도 변했기 때문에 무력 사용에 관한 한 신약성경의 가르침은 더 이상 맞지 않다고 주장한다.

첫 번째 입장에 대해서는 성경 구문의 맥락을 좀 더 자세히 공부하는 해석학적 토론이 병행되어야 하고, 두 번째 입장에 대해서는 교리적인 관점으로부터 토론할 필요가 있다.

우리는 오늘날의 국가가 1세기의 국가와는 완전히 다른 모습이라는 것을 부인하지 않는다. 신약성경의 가르침을 오늘날 적용해야 한다고 주장함에 있어, 그동안 아주 큰 변화가 있었음에 대해 우리는 조금도 논박하길 원치 않는다. 문제는 그렇게 새롭고 달라진 상황에서 우리가 어떻게 대처해야 하는가이다. 여기서 우리는 종종 함께 나타나는 두 가지 문제를 구분해야만 한다.

하나는 오늘날 우리가 '국가'라고 말하는 행정 수단이 여러 방면에서 예전과는 상당히 달라졌다는 점이다. 국민들은 선거권을 행사함으로써 정부에 참여하고, 또한 정부의 입장에 더 많은 영향력을 발휘할 기회를 갖고 있다. 게다가 현대 국가는 칼(무력) 사용과는 거의 상관없거나 전혀 관계없는 일들도 많이 하고 있다. 이러한 (국가 임무의) 혁신은 기독교 윤리학, 특히 신약성경의 가르침이 그런 새로운 영역에도 도움을 주는 지침을 제공하고 있는지에 대해서 도전을 주고 있다. (만약 신약성경이 그런 지침을 제공하지 않는다면 아무런 문제가 되지 않는다. 혁신적인 일이 발생하면 그 상황을 있는 그대로 받아들이기만 하면 된다.)

하지만 그러한 (혁신적인) 변화가 찾아왔다 할지라도 '칼'의 본질에는 변함이 없다. 국가가 병원과 학교를 건설한다는 이유로 국가의 군사적 측면이 기독교적으로 정당화될 수는 없다. 신약성경의 관점을 국가의 다른 역할에도 적용하는 온갖 다양한 방법들을 찾아내는 것도 필요하고, 그리스도인들은 (국가에 속하는) '정부와 관련된 일'에 해당하는 수많은 직책을 맡아 그 사역을 수행해야 할 것이다. 그러나 이러한 변화에도 불구하고 무력사용에 대한 성경의 가르침은 근본적으로 변하지 않았다.

또 다른 문제는 소위 말하는 콘스탄티누스·아우구스티누스적 전환으로 서구의 군주들이 기독교인이 되었고 그로 인해 서구 세계의 모든 사람들이 기독교화되었다는 것이다. 중세시대와 종교개혁은 이를 위대한 진전으로까지 불렀고, 때로는 종말론적인 전환점이라고까지 평가되어 왔다. 스위스의 종교개혁자 하인리히 불링거(Heinrich Bullinger)는, 군주들은 교회의 '구세주이자 보호자'가 되었다고 종교개혁에 대한 자신의 견해를 요약했다. 칼의 통치는 더 이상 이교도가 하는 일이 아니다. 하나님께서는 당신의 거룩한 목적을 이루기 위해 불신자들을 향해 칼을 사용하실 수 있고, 그것은 기독교 국가 내 필연적인 악으로 간주되지도 않는다. 오히려 (종교개혁자들에 따르면) 무력사용은 모든 직책 중에서도 가장 구별된다. 종교개혁은 교회가 지역 정부의 대리인을 통해 권위를 행사하는 것에 대해 중세시대를 능가했다. 또한 개혁자들은 교회와 세상의 관계가 신약성경의 관점과는 반대일 수 있다고 하면서 진정한 교회의 비가시성을 가르쳤는데, 이는 중세시대를 훨씬 능가하는 일이었다.

우리는 이것이 칼에 대한 신약성경의 가르침을 잘못 적용한 것이라는 결론밖에 내릴 수 없다. 즉 신약성경의 가르침을 희생시킨 것이다. 신약성경의 가르침을 이렇게 맞바꾼 것이 잘한 일인지 아닌지에 관해서 우리는 더 이상 주장할 필요 없다. 성경의 가르침을 적용하는 것이 옳은지 그른지에 대한 결정은 각자의 몫이지 다른 사람을 위해서 대신 결정해 줄 수는 없다.

이제 우리가 얼마나 명확한 대화를 할지는 초대교회의 입장을 진지하게 받아들일 것인가 아니면 그 입장을 포기할 것인가에 따라 달려 있다. 우리는 이 차이를 단지 "세상이 변했으니!"라는 말로 간단히 덮어버릴 수 없다는 것을 분명히 해야 한다.

■ 주석 Note

Ⅰ. 신약성경에서의 국가

† 편집자 주: 요더는 오늘날 우리가 구분 짓는 것처럼 예루살렘 초기의 교회와 다른 교회들, 예를 들면 사도행전, 서신서, 초대교회(1~3세기) 시기에 나타난 교회들을 역사상 또는 해석상 다르게 구분 짓지 않는다.

Ⅱ. 예수 그리스도의 제자들의 정치적 책임

1. G. McGregor, *Der Friede auf Erden* (이 땅의 평화), (München, 1955).

2. 필자가 언급할 수 있는 범위 내에서 어떤 새로운 해석을 제시하지 않고 단순히 일치된 연구만을 제시하고자 한다. Oscar Cullmann, *The State in the New Testament* (New York, 1956); Maurice Goguel, *The Life of Jesus* (New York, 1956). 특히 갈릴리 사람들의 위기에 관해서는 다음을 보라. Vincent Taylor, *The Ministry of Jesus* (London, 1955).

3. 여기서 우리는 예수님께서 예루살렘에 입성하신 것과 성전을 정화하셨던 것을 마태와 누가가 보여주는 바와 같이 연이은 사건으로 본다. 마가처럼 두 사건 사이에 하룻밤의 시간 차이가 있다고 하더라도 전체 사안이 갖는 의미에는 큰 변함이 없다.

4. 우리는 여기서 히브리서 11장과 12장은 분량이 많기 때문에 단지 지면 관계상 생략했다. 그리스도의 고난(12:1 이하)과 증인들의 고난(11장), 그리고 신자의 고난(12:3 이하) 사이의 관계는 다른 본문에서도 알 수 있듯이 전부 동일하다.

영어 역주

[1] 독일어판 서문을 쓴 윌프라이트 워넥(Wilfried Warneck)이 사용한 단어인 'Gesellschaft'(사회)와 'Offentlichkeit'(대중)는 요더 자신이 사용한 용어는 아니다.

[2] 독일어 'heidnisch'를 영어로 번역하면 'pagan'이고 이를 우리 말로 번역하면 '이교도'를 뜻한다. 그런데 요더는 그의 의미와 논조로 봐서 이를 종종 '이교도'라는 말 대신에 '비그리스도인'이라는 말로도 번역했는데, 이는 의미전달이 더 잘되기 때문이다. 그렇지만 그런 경우에도 요더가 원래 사용했던 독일어 표기는 'heidnisch', '이교도'를 뜻하는 말이었음을 일러둔다.

[3] 독일어인 'Staat'는 영어의 'State', '국가'로 번역하는데, 간혹 여기처럼 '제국'(Empire)이 더 적절한 경우도 있다.

[4] 독일어로 'heidenisch', 영어는 'non-Christian'(비기독교적)

[5] 독일어로 'heiden', 영어는 'non-Christians'(비그리스도인들)

[6] 독일어 'Heiden'에서 온 말

[7] 독일어로 'heidnisch'에서 온 말

[8] 독일어로 'Staat'에서 온 말

[9] 독일어로 'Obrigkeit'에서 온 말

[10] 독일어로 'heifnisch'에서 온 말

[11] 독일어로 'Obrigkeit'에서 온 말

[12] 독일어로 'heidnischen'에서 온 말

[13] 독일어로 'heidnisch'에서 온 말

[14] 독일어로 'Staat'에서 온 말

[15] 독일어로 'heidnischen'에서 온 말

존 하워드 요더(John Howard Yoder)의 책들

The Christian Witness to the State, 1964, 2002

Discipleship as Political Responsibility, 1964, 2003

The Original Revolution: Essays on Christian Pacifism, 1971

Nevertheless: The Varieties and Shortcomings of Religious Pacifism, 1971, 1992

The Legacy of Michael Sattler, Editor and Translator, 1973

The Schleitheim Confession, Editor and Translator, 1977

What Would You Do? Editor, 1983, 1992

He Came Preaching Peace, 1985

A Declaration on Peace, with Douglas Gwyn, George Hunsinger, and Eugene F. Roop, 1991

Body Politics: Five Practices of the Christian Community Before the Watching World, 1992, 2001

The Royal Priesthood, 1994, 1998

Karl Barth and the Problem of War, Abingdon Press, 1970.

The Politics of Jesus, Eerdmans, 1972, 1994.

Preface to Theology: Christology and Theological Method, Goshen Biblical Seminary, 1981

The Priestly Kingdom: Social Ethics As Gospel, University of Notre Dame Press, 1984.

Christian Attitudes to War, Peace, and Revolution: A Companion to Bainton, Goshen Biblical Seminary, 1983.

공동체 시리즈

후터라이트 사람들, 그 삶의 이야기

후터라이트는 온갖 박해와 역경 속에서도 450년 동안 초대교회 그리스도인들이 실행했던 성경적 나눔의 삶을 살아가고 있는 크리스천 공동체다. 외부세계와는 단절된 채 살아가지만 결코 외로움과 소외감을 느끼지 않으며, 부자도 가난한 사람도 없고, 개개인들이 결코 먹을 것과 입을 것, 집과 노후 대책을 걱정할 필요가 없는 후터라이트 사람들의 삶을 소개한다. (존 A. 호스테들러 지음/ 김복기 옮김)

평화교회는 가능한가?

기독교의 평화주의 전통을 되새겨보며 평화를 위한 교회의 소명을 일깨워주는 책. 오늘날 폭력과 전쟁이 난무하는 세상에서 그리스도인의 성경적 평화의 관점을 재조명하고 새롭게 정립하는 데 많은 도움을 준다. (알렌 & 엘레노르 크라이더 지음/고영목·김경중 옮김)

반석 위에 세우리라

이 책은 성경적 교회의 관점에서 바라본 아나뱁티스트 · 메노나이트 비전의 핵심 주제들을 다루고 있다. 교회 생활에 필요한 귀한 자료를 원하는 소그룹 모임이나, 지도자들, 든든한 기초를 쌓고 새롭게 교회를 시작하기 원하는 그리스도인들에게 많은 도움이 될 것이다. (월프레드 화러 지음/ 김복기 옮김)

초대 교회의 예배와 전도

초대교회 시대에 행해졌던 예배와 전도의 상관관계에 대한 성경적, 실천적 그리고 역사적 탐구를 시도한 책. 초대 교회의 예배와 전도를 통해 그리스도인 공동체를 선명하고도 생생하게 그려냈고, 오늘날 전도의 본질에 대한 새로운 관점과 도전을 제시하고 있다. (알렌 크라이더 지음/허현 옮김)

재세례신앙 시리즈

재세례신앙의 씨앗으로부터

재세례신앙의 역사적 교훈과 실천 내용을 간략하게 요약한 이 책은 재세례신앙 운동의 정체성에 관한 신뢰할 만한 자료가 될 것이다. 이 책은 재세례신앙 운동에 대해 알고 싶어하는 전 세계의 교회와 그리스도인들이 서로 대화를 나눌 수 있는 신앙 교류의 출발점이 되리라는 바람에서 기획되었다. (아놀드 스나이더 지음/ 김복기 옮김)

메노나이트 이야기

믿음과 교회에 대한 본질적인 질문을 던지는 책. 16세기 아나뱁티스트 · 메노나이트 교회가 생긴 이래부터 현재까지 그 역사적 발자취를 따라가다 보면, 그리스도의 참된 제자가 되고자 고난을 선택했던 그 삶을 이해할 수 있다.(루디 배르근 지음/김경중 옮김)

메노나이트 신앙고백

이 책은 기독교의 기본 진리를 아나뱁티스트·메노나이트 관점에서 체계적으로 소개한 신앙고백서다.

(메노나이트 신앙고백 편찬위원회 지음 / 김경중 옮김)

평화 시리즈

평화와 화해의 새로운 패러다임

평화와 화해에 대한 이해의 폭을 넓히고, 이를 정치, 경제, 사회적 갈등상황에 적용하기 위해 이 책에서는 신학, 정치학, 사회심리학, 경제학적 관점을 도입했다. 아프리카를 배경으로 쓰였지만, 오늘날의 국내외적 갈등과 분쟁상황에도 매우 유익한 평화와 화해의 기본 안내서가 될 것이다. (히즈키아스 아세파 지음/이재영 옮김)

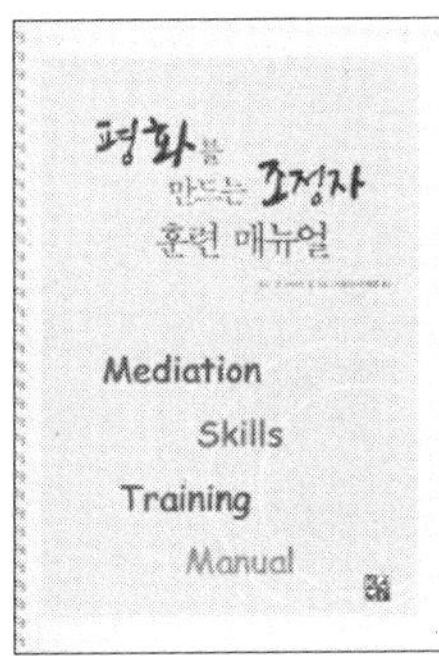

평화를 만드는 조정자 훈련 매뉴얼

일상에서 발생하는 다양한 분쟁상황에서 갈등을 창조적으로 평화롭게 전환시켜 나가는 조정자(Mediator)를 훈련하는 매뉴얼. 이 책은 학교, 직장, 교회, 공공영역 등에서의 훈련된 조정자가 부족한 한국 사회에 매우 실질적이고 유익한 훈련 지침서가 될 것이다.

(낸시 굿 사이더 외 지음/서정기 · 이재영 옮김)

제자도, 그리스도인의 정치적 책임

Discipleship as Political Responsibility

지은이 존 하워드 요더(John Howard Yoder)
옮긴이 김기현
펴낸이 김경중
펴낸곳 Korea Anabaptist Press

2007년 9월 21일 제1판 1쇄 발행
2012년 7월 31일 제2판 1쇄 발행

주소 강원도 춘천시 영서로 2600, 2층
신고 연월일 2002년 8월 21일
출판사 신고번호 제364호
사업자 등록번호 221-09-47283
전화 및 팩스 033) 242-9615
인터넷 홈페이지 www.kapbooks.com

값 8,000원

ISBN 978-89-92865-13-5 93230